AF366074

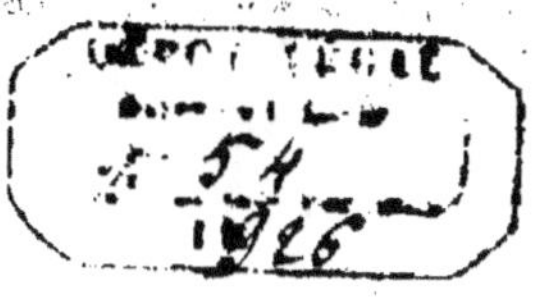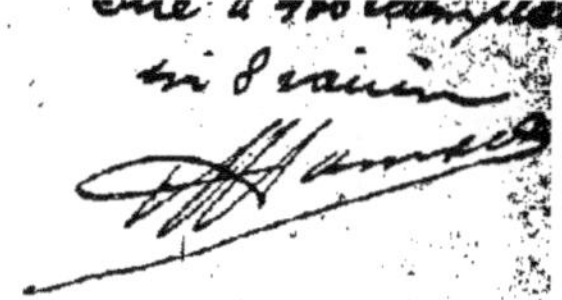

STUD-BOOK
PERCHERON
DE FRANCE

PUBLIÉ PAR LA

SOCIÉTÉ HIPPIQUE PERCHERONNE

Autorisée par le Gouvernement

SIÈGE SOCIAL

NOGENT-LE-ROTROU

(EURE-ET-LOIR)

TOME VINGT-DEUXIÈME

Étalons & Juments

IMPRIMERIE-LIBRAIRIE-PAPETERIE L. HAMARD

NOGENT-LE-ROTROU

1922

STUD-BOOK

PERCHERON

DE FRANCE

TOME VINGT-DEUXIÈME

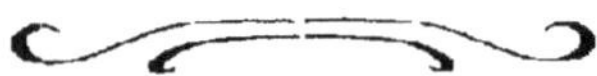

STUD-BOOK

PERCHERON

DE FRANCE

PUBLIÉ PAR LA

SOCIÉTÉ HIPPIQUE PERCHERONNE

Autorisée par le Gouvernement

SIÈGE SOCIAL

NOGENT-LE-ROTROU

(EURE-ET-LOIR)

TOME VINGT-DEUXIÈME

Étalons & Juments

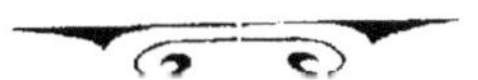

IMPRIMERIE-LIBRAIRIE-PAPETERIE L. HAMARD

NOGENT-LE-ROTROU

1922

Nous, soussignés, constituant le Bureau de la *Société Hippique Percheronne de France*, Société composée de tous les Étalonniers et des Éleveurs du Perche, réunis en association dans le but de conserver pure la race Percheronne, race réputée à juste titre comme donnant les meilleurs chevaux de gros trait du monde ;

Nous publions dans ce vingt-deuxième volume du *Stud-Book Percheron de France* les certificats d'origine des 2.367 Étalons et 2.514 Juments que nous avons acceptés après examen minutieux et nous les déclarons corrects.

Nogent-le-Rotrou, le 31 Décembre 1922.

Le Président,
H. VILLETTE-GATÉ.
Officier de la Légion d'Honneur.

Les Vice-Présidents,
J. AVELINE, — L. AVELINE,
D. JOUANNEAU, — V. TAFFOREAU.

Le Secrétaire,
E. LEMARIÉ.

Le Trésorier,
Edmond PERRIOT.

Délégués :

A. BARBET, — H. BEAUCLAIR, — A. BIGNON, — A. BOUTHRY, — E. BURIN, — A. CHAPELLE, — E. COLIN, — A. DELANGE, — E. DESPREZ, — J. DUVAL, — A. FEUILLARD, — E. GASSELIN, — A. GROUAS, — A. LALLOUET, — A. LEFEUVRE, — LIROCHON, — L. MOULIN, — Ernest PERRIOT, — E. POUPLIN. — F. SAGOT, — A. TACHEAU, — H. VALLÉE.

STUD-BOOK PERCHERON

ÉTALONS

STUD-BOOK PERCHERON

ÉTALONS

NOM	N°	ROBE	Naissance	PÈRE	MÈRE
Va	150930	noir	1921	Qokala 129350	Législature 98887
Vaal	152135	noir	1921	Psoriasis 126479	Loge 101062
Vaas	152008	noir	1921	Rafiau 132822	Gaulette 70577
Vaas	154933	noir	1921	Nicobar 118452	Orizabette 124023
Vabien	150681	gris	1921	Rata 133599	Phébé 125285
Vabre	152009	noir	1921	Rafiau 132822	Orélie 121253
Vabre	154660	noir	1921	Raymond 133714	Quenotte 132524
Vacant	150323	noir	1921	Quatalpa 129873	Kambelle 90349
Vacant	151915	noir	1921	Rafiau 132822	Quarrare 132756
Vacant	152001	gris-rouan	1921	Rafiau 132822	Ossète 121293
Vacant	153045	noir	1921	Quissac 130271	Négrière 116027
Vacant	153698	noir	1921	Muet 109445	Ogresse 122474
Vacant	154118	gris	1921	Médisant 105527	Pistole 125196
Vacarme	151682	gris	1921	Nyctalope 113635	Lydie 99865
Vacarme	151916	noir	1921	Rafiau 132822	Néolatine 114358
Vacarme	153692	gris	1921	Muet 109445	Navarraise 117733
Vacca	150267	noir	1921	Queriquet 129124	Ilda 78565
Vaccin	150251	gris-pom.	1921	Moineau 106576	Kadena 91227
Vaccin	150255	gris-foncé	1921	Mylord 107421	Irénée 78899
Vaccin	150324	noir	1921	Quarteron 128953	Schako 137198
Vaccin	150959	gris-foncé	1921	Pantin 124490	Magie 105948
Vaccin	151305	rouan	1921	Quadne 129371	Quontusion 130459
Vaccin	151917	noir	1921	Rafiau 132822	Propre 126390
Vaccin	152006	noir	1921	Rafiau 132822	Raclerie 134841
Vaccin	153048	noir	1921	Qupidon 130054	Groseille 72989

NOM	N°	ROBE	Naissance	PÈRE	MÈRE
Vaccin	153675	gris-foncé	1921	Quaïman 129648	Gracieuse 93313
Vaccin	154120	gris	1921	Rinceur 135862	Ondée 123035
Vaccinal	153724	gris-fer	1921	Pitaud 128421	Pastille 124931
Vaccinateur	151918	gris	1921	Rafiau 132822	Lorraine 98805
Vaccinateur	153725	gris-fer-f.	1921	Pitaud 128431	Junon 88666
Vacher	150329	noir	1921	Psoriasis 126479	Juive 83818
Vacher	153726	gris-foncé	1921	Pitaud 128421	Quinola 130743
Vacher	154121	gris	1921	Médisant 105527	Parenté 127818
Vacherot	153865	bai	1921	Polygone 125447	Nuptiale 118090
Vachette	150872	noir	1921	Qokala 129350	Hachette 73610
Vaciet	153049	gris-foncé	1921	Nichet 117897	Jiberne 88338
Vacillant	151245	noir	1921	Qotonnu 130216	Odensée 120622
Vacillant	151341	gris-rouan	1921	Quadruc 129371	Laurentie 100028
Vacillant	151919	gris	1921	Rafiau 132822	Quamala 129543
Vacillant	153051	noir	1921	Qupidon 130054	Picote 128309
Vacillant	154123	gris-tr.-f.	1921	Rognon 135951	Niniche 114961
Vaciller	151923	noir	1921	Komplex 91539	Isabelle 81760
Vacoa	150357	noir	1921	Quarteron 128953	Massière 108109
Vacoi	151927	gris-clair	1921	Polus 126947	Lucrèce 98820
Vacourvol	151272	gris-foncé	1921	Pantin 124490	Phrasie 124638
Vacquiers	152010	gris	1921	Rafiau 132822	Manette 107942
Vacuum	153055	gris-foncé	1921	Régimon 134292	Objective 122783
Vacuum	154125	gris-clair	1921	Quompromis 132021	Ovulation 123333
Vadancourt	152020	gris-foncé	1921	Pampelune 124878	Quordiale 130524
Vadans	152013	noir	1921	Pampelune 124878	Onde 120380
Vadans	154934	gris foncé	1921	Nicobar 118452	Joyeuse 96987
Vadé	150515	noir	1921	Rongetout 133602	Ovée 121102
Vadenay	152016	gris-clair	1921	Péplum 124974	Tisonne 61825
Vadenay	154935	gris-fer	1921	Quoin 131888	Sapho 57270
Vadimon	152138	gris-foncé	1921	Neuilly 112606	Polka 125629
Vadimon	153866	gris-ard.	1921	Polonais 125998	Mariolle 144286
Vadius	150632	gris-foncé	1921	Rhin 133506	Nodale 112024
Vadius	152140	gris	1921	Neuilly 112606	Mélie 54465
Vadius	153867	gris-foncé	1921	Marguillier 107679	Nomarchie 117002
Vadius	154664	gris	1921	Robespierre 134346	Pitrerie 128425
Vadont	150975	gris-foncé	1921	Qokala 129350	Juridiction 85218
Vadrouilleur	151093	gris	1921	Névrosé 113735	Glaudine 70091
Va-et-Vient	153728	gris	1921	Pitaud 128421	Mecque 109690
Vagabond	150345	bai	1921	Roussin 134466	Qlochette 130136
Vagabond	151930	gris	1921	Pivert 126000	Brillante 62195
Vagabond	153056	bai	1921	Obus 121402	Irruption 79259
Vagabond	153686	noir	1921	Quaïman 129648	Nicotiane 117809
Vagabond	154126	gris-foncé	1921	Rata 133599	Riga 133800
Vagabondage	151931	gris	1921	Pivert 126000	Pitaude 125954
Vagabondage	153719	gris	1921	Klocher 95657	Liesse 104268

NOM	N°	ROBE	Naissance	PÈRE	MÈRE
Vagido	151089	gris-fer	1921	Rectal 135311	Santine 138212
Vagissant	153057	gris-vin.	1921	Rectal 135311	Ronletaboss 133995
Vagissant	154128	gris	1921	Rognon 135951	Lancette 98224
Vagissement	153685	gris	1921	Quaïman 129648	Orgie 122487
Vagnas	152022	noir	1921	Polus 126947	Ovation 122185
Vagnas	154937	gris	1921	Quoin 131888	Lyre 104390
Vagney	152032	gris-vin.	1921	Komplex 91539	Puissante 126509
Vagney	154940	noir	1921	Nicobar 118452	Charlotte 63942
Vagon	150366	gris	1921	Roussin 134466	Kénia 93934
Vagon	150576	noir	1921	Pouff 124218	Orale 119367
Vagon	151933	gris	1921	Redoublé 133131	Quordelle 130522
Vagon	153058	gris-foncé	1921	Reynal 122841	Milanière 107482
Vagon	154130	gris-foncé	1921	Rognon 135951	Pariétale 127839
Vagot	150999	gris	1921	Fier-à-Bras 65250	Décrochée 75050
Vagotonic	150172	gris	1921	Lougre 100470	Kymrique 90339
Vagotonique	150741	gris	1921	Quanevas 129730	Couleuvre 91333
Vaguement	151937	noir	1921	Redoublé 133131	Gazeuse 71558
Vaguemestre	150603	gris	1921	Poison 125565	Gâchette 71338
Vaguemestre	151934	gris-clair	1921	Polus 126947	Minoterie 106802
Vaguemestre	154131	gris-foncé	1921	Rognon 135951	Herseigne 75796
Vahé	150372	gris	1921	Quanevas 129730	Pavane 124754
Vahé	153059	gris-cl.-v.	1921	Rectal 135311	Merveille 107279
Vahé	154133	gris-vin.	1921	Prunellier 126460	Océanie 122850
Vaigrage	151952	gris	1921	Ratiau 132822	Hynidie 77171
Vaigre	153707	gris-foncé	1921	Muet 109445	Pagaie 127355
Vailhan	152034	alezan	1921	Komplex 91539	Pidorière 126507
Vaillac	152336	gris	1921	Komplex 91539	Quanarie 130696
Vaillac	154941	noir-zain	1921	Nicobar 118452	Nacre 118435
Vaillant	150253	gris-foncé	1921	Mylord 107421	Quiche 131147
Vaillant	150378	gris	1921	Neuilly 112606	Ourse 119531
Vaillant	150559	noir	1921	Rhin 133506	Rade 133476
Vaillant	151065	gris	1921	Pantin 124490	Kenoll 92199
Vaillant	151459	gris-tr.-f	1921	Remisier 133326	Qrasse 128964
Vaillant	151728	gris-rouan	1921	Névrosé 113735	Névrite 111831
Vaillant	151955	gris-rouan	1921	Ratian 132822	Insouciante 80245
Vaillant	151992	noir	1921	Komplex 91539	Olympiade 121217
Vaillant	152144	noir	1921	Quarteron 128953	Loranthe 101090
Vaillant	152337	noir l. r.	1921	Komplex 91539	Quartouche 130788
Vaillant	153067	noir	1921	Razia 133345	Neslette 116569
Vaillant	153567	bai-brun	1921	Relevant 133297	Nohène 116227
Vaillant	153709	gris-vin.	1921	Klocher 95657	Jambette 88737
Vaillant	153868	gris-foncé	1921	Neigeux 112725	Oihone 123540
Vaillant	154134	noir	1921	Prunellier 126460	Xaple 117147
Vaillant	154665	gris	1921	Robespierre 134346	Ollière 123597
Vaillant	154942	noir	1921	Interprète 80665	Infante 80675

NOM	N°	ROBE	Naissance	PÈRE	MÈRE
Vailly	151224	gris	1921	Josué 88841	Sauterelle 136499
Vailly	152146	noir	1921	Nyctalope 113635	Héroïne 74804
Vailly	152340	gris-rouan	1921	Komplex 91539	Psalmodie 126469
Vailly	154666	gris	1921	Robespierre 134346	Jambe 89080
Vain	150376	gris	1921	Quanevas 429730	Mâtine 408131
Vain	153069	noir	1921	Quissac 130271	Lapinière 103678
Vain	153705	gris-clair	1921	Muet 109445	Neigeuse 117747
Vain	154137	bai-marr.	1921	Qualein 131447	Obscénité 120713
Vaincre	151958	noir	1921	Rococo 134245	Lycomède 98843
Vaincu	150785	noir	1921	Qokala 129350	Obeidel 120010
Vaincu	151962	gris	1921	Polus 126947	Icaque 81166
Vaincu	153070	noir	1921	Quissac 130271	Natalie 115989
Vaincu	154138	bai-marr.	1921	Qualein 131447	Oblongue 119650
Vainqueur	150382	gris	1921	Neuilly 112606	Neuveville 114202
Vainqueur	150389	gris	1921	Nyctalope 113635	Quauseuse 129894
Vainqueur	151107	noir	1921	Qualvados 131498	Oiselle 120588
Vainqueur	151964	noir	1921	Polus 126947	Lande 97781
Vainqueur	152434	bai-brun	1921	Fier à Bras 65250	Abelette 66574
Vainqueur	153072	gris-foncé	1921	Robe 135906	Quaillette 131424
Vainqueur	153703	bai-foncé	1921	Muet 109445	Ops 122308
Vainqueur	154140	gris	1921	Kéris 93769	Orchidée 123128
Vains	152348	noir-zain	1921	Komplex 91539	Polka 68679
Vair	150305	noir	1921	Psoriasis 126479	Kassine 91038
Vair	153075	gris-foncé	1921	Quissac 130271	Razzia 135237
Vair	154141	gris-foncé	1921	Kourlis 95894	Oriflamme 123165
Vairé	152351	gris	1921	Komplex 91539	Mollière 106787
Vairon	150307	noir	1921	Neuilly 112606	Ouve 119133
Vairon	151968	noir	1921	Polus 126947	Orbe 124247
Vairon	153076	gris-foncé	1921	Quissac 130271	Rayure 135236
Vairon	153733	gris-foncé	1921	Kourtisan 95905	Négresse 117746
Vairon	154142	gris-foncé	1921	Rinceur 135862	Karata 96279
Vaison	152354	noir-zain	1921	Pampelune 124878	Oherville 122427
Vaissac	152359	noir-zain	1921	Komplex 91539	Kursive 94900
Vaisseau	150234	bai-brun	1921	Quissac 130271	Lingerie 98656
Vaisseau	151306	gris	1921	Quaduc 129371	Quaféine 129619
Vaisseau	151313	gris	1921	Pantin 124490	Oasie 120257
Vaisseau	151969	gris-foncé	1921	Redoublé 133131	Puinée 126503
Vaisseau	153081	gris-fer	1921	Nérac 112728	Novare 117287
Vaisseau	153592	gris-clair	1921	Quinola 130134	Lande 103122
Vaisseau	153729	gris-vin.	1921	Muet 109445	Pagode 127612
Vaisseau	154144	gris-vin.	1921	Romand 135963	Passette 127914
Vaisselier	150311	gris	1921	Quatalpa 129873	Oubliette 119513
Vaisselier	151970	gris clair	1921	Péplum 124974	Quabale 130642
Vaisselier	153758	gris-foncé	1921	Recteur 135313	Ino 82585
Vaisselier	154146	gris-clair	1921	Revoyeur 135788	Parmélie 127864

NOM	N°	ROBE	Naissance	PÈRE	MÈRE
Vakaresco	150541	gris	1921	Rognon 135951	Koraline 91609
Val	151435	gris	1921	Quirat 128885	Maltose 107641
Val	151971	noir-rub.	1921	Polus 126947	Oletta 121204
Val	153740	noir	1921	Recteur 135313	Image 98048
Valable	151973	noir	1921	Péplum 124974	Noyale 114459
Valable	153750	noir	1921	Recteur 135313	Nictation 114970
Valadon	152334	noir	1921	Quaron 130724	Messe 110461
Valady	152361	noir	1921	Komplex 91539	Nola 113265
Valady	154947	noir	1921	Interprète 80665	Rapine 136262
Valais	153742	gris	1921	Recteur 135313	Madeiro 111065
Valais	153871	noir	1921	Klaro 97235	Ninive 118624
Valais	154668	gris	1921	Raymond 133714	Nièce 117910
Valantin	152364	noir	1921	Komplex 91539	Lapenne 101538
Valantin	154948	gris-foncé	1921	Marat 111305	Rotation 136261
Valaque	154148	gris	1921	Médisant 105527	Retraitée 135731
Valay	152365	noir	1921	Komplex 91539	Maquette 105072
Valazé	151146	noir	1921	Quissac 130271	Qrinière 130267
Valazé	153873	alezan	1921	Neigeuse 112725	Margot 111243
Valazé	154669	gris	1921	Robespierre 134346	Kantatrice 97453
Valbeleix	152366	noir	1921	Piombino 127259	Névralgie 113728
Valbonnais	152369	noir	1921	Komplex 91539	Nuaison 114461
Valbonnais	154954	noir	1921	Quoin 131888	Jouvencelle 88704
Valcourt	152372	noir	1921	Ratiau 132822	Nouille 113855
Valcus	150854	gris	1921	Josué 88841	Quoloquinte 130320
Valda	150993	gris-foncé	1921	Qokala 129350	Quijada 129952
Valda	152950	gris-foncé	1921	Quissac 130271	Qualèche 131460
Valdahon	152373	gris-rouan	1921	Rococo 134245	Nosologie 113571
Valdar	150679	gris-foncé	1921	Roland 133948	Ourqueline 120534
Valdemar	152145	gris-clair	1921	Roussin 134466	Lacaille 101128
Valdemar	153876	noir	1921	Polonais 125998	Ride 136139
Valdemar	154671	gris	1921	Robespierre 134346	Rupture 136108
Valdieu	151147	gris-foncé	1921	Pantin 124490	Ollade 120412
Valdieu	154673	gris	1921	Rouloul 136019	Osche 123709
Valdimir	150567	noir	1921	Receveur 133074	Quonsigne 120209
Valdo	152149	gris	1921	Perkins 125027	None 113843
Valdo	153878	gris-foncé	1921	Numéro 118563	Karavane 97494
Valdo	153886	noir	1921	Neigeux 112725	Epingle 50224
Valdo	154672	noir	1921	Rouloul 136019	Locale 103897
Valdor	153541	gris	1921	Relevant 133297	Marinette 109184
Valéga	150528	noir	1921	Rongetout 133602	Oualéga 119815
Valeins	152374	gris	1921	Ratiau 132822	Lippe 104641
Valençay	151806	noir	1921	Josué 88841	Ratlade 133518
Valençay	152375	noir	1921	Ratiau 132822	Lessiveuse 100747
Valençay	154675	gris	1921	Nénuphar 117675	Moyenne 110824
Valençay	154956	gris-foncé	1921	Nicobar 118452	Joueuse 96988

NOM	N°	ROBE	Naissance	PÈRE	MÈRE
Valens	151811	noir	1921	Josné 88841	Haste 76372
Valens	154683	gris	1921	Rubricateur 136066	Muabilité 110832
Valentin	151152	noir	1921	Pantin 124490	Rosière 133928
Valentin	151454	gris-foncé	1921	Rococo 134245	Négative 113893
Valentin	151812	noir	1921	Josué 88841	Galilée 69515
Valentin	152380	gris-foncé	1921	Komplex 91539	Radiale 134853
Valentin	153084	noir	1921	Réginon 134292	Gentille 57563
Valentin	153515	gris fer	1921	Razia 133345	Image 80699
Valentin	153879	alezan	1921	Polonais 125998	Mendoza 111247
Valentin	154152	bai-brun	1921	Pâton 127979	Ombrette 123010
Valentin	154679	gris-tr.-f.	1921	Rouloul 136019	Niveleuse 117957
Valentin	154959	gris-foncé	1921	Nicobar 118452	Nivelle 118447
Valentigney	152378	noir-zain	1921	Ralian 132822	Katerine 93741
Valentigney	154957	noir-zain	1921	Ravignan 136302	Ombrette 122968
Valentinien	151813	gris	1921	Josué 88841	Pastillette 125069
Valentinien	151977	noir	1921	Polus 126947	Mirontaine 106827
Valentinien	153881	gris-foncé	1921	Polygone 125447	Calédonie 66482
Valentinien	154681	gris	1921	Raymond 133714	Judelle 89015
Valentinois	151816	noir-zain	1921	Quanivot 130128	Luvie 99193
Valentinois	154686	gris	1921	Orchampt 121527	Morniffe 110744
Valenton	152381	noir	1921	Ralian 132822	Janina 81129
Valenton	154963	gris-foncé	1921	Raspail 136272	Ergoline 81745
Valera	150513	gris	1921	Quaduc 129371	Galba 70369
Valère	150621	gris-foncé	1921	Marguillier 107679	Qoruberte 129274
Valère	151818	noir	1921	Quanivot 130128	Mignardise 107831
Valère	153861	gris-foncé	1921	Neigeux 112725	Rachel 135528
Valère	154687	noir	1921	Russiot 133133	Nourriture 118032
Valereux	150881	noir	1921	Quesnel 129358	Lisette 73374
Valérien	151085	souris	1921	Pantin 124490	Palerme 125404
Valérien	151145	gris	1921	Quissac 130271	Notule 112503
Valérien	151451	noir	1921	Kagot 92240	Recoupe 135298
Valérien	151819	gris-foncé	1921	Quanivot 130128	Quinette 129596
Valérien	153882	gris-ard.	1921	Neigeux 112725	Livadie 104566
Valérien	154689	gris	1921	Russiot 133133	Hargnerie 78229
Valérius	151149	gris-foncé	1921	Kagot 92240	Liste 97932
Valérius	151821	gris	1921	Josué 88841	Héloïse 77687
Valérius	153883	gris-foncé	1921	Neigeux 112725	Nanette 118645
Valery	150749	gris-vin.	1921	Quaduc 129371	Korbeille 91610
Valéry	154027	gris	1921	Rata 133599	Ninive 112304
Valescourt	152384	gris	1921	Rongetout 133602	Konspuée 92965
Valet	150397	noir	1921	Psoriasis 126479	Régule 133266
Valet	151978	gris-foncé	1921	Péplum 124974	Chanteuse 67386
Valet	153086	noir	1921	Pilon 127251	Noisette 113151
Valet	153754	noir-m.-t.	1921	Odieux 121492	Questeuse 131306
Valet	154153	gris-foncé	1921	Kéris 93769	Menotte 110397

NOM	N°	ROBE	Naissance	PÈRE	MÈRE
Valetage	151979	gris-tr.-f.	1921	Polus 126947	Nimègue 112630
Valétudinaire	153755	gris	1921	Odieux 121492	Kresnira 96114
Valeuil	152388	gris	1921	Réséda 133659	Nerva 112994
Valeureux	150402	gris	1921	Roussin 134466	Sidérose 137477
Valeureux	150523	noir	1921	Quanivot 130128	Hildefonse 74343
Valeureux	151020	gris	1921	Reclus 134371	Poterie 125255
Valeureux	151310	noir zain	1921	Reichs 133996	Kascade 92371
Valeureux	151980	noir	1921	Polus 126947	Jubilante 86945
Valeureux	153090	gris-fer	1921	Pilon 127251	Nerville 116560
Valeureux	153715	gris	1921	Recteur 133313	Nacrée 117768
Valeureux	154157	gris foncé	1921	Manillon 110243	Nagelle 117326
Valeyrac	152389	gris	1921	Rohart 134256	Houleuse 74286
Valezan	152391	gris-clair	1921	Rougetout 133602	Irène 79823
Valfin	152392	noir	1921	Nyctalope 113635	Lady 100578
Valfleury	152399	noir	1921	Rougetout 133602	Nonciature 113555
Valfleury	154961	gris foncé	1921	Quoin 131888	Jativa 96994
Valhey	154966	noir	1921	Nicobar 118452	Olive 123756
Valhubert	152934	gris-fer	1921	Néflier 111919	Charmante 74990
Valhuon	152400	gris-tr.-f.	1921	Rougetout 133602	Palestine 69122
Valide	150403	noir	1921	Roussin 134466	Outrée 119554
Valide	151982	gris	1921	Péplum 124974	Kalmia 92420
Valide	153547	noir	1921	Relevant 133207	Kardinette 94484
Valide	153561	gris-foncé	1921	Marsin 109642	Lucine 102386
Valide	153760	noir-m.t.z	1921	Rapide 134867	Nitrière 117803
Valigny	152402	gris-foncé	1921	Réséda 133659	Quonstance 130445
Valigny	154962	noir	1921	Nicobar 118452	Julie 86718
Valincour	151822	noir	1921	Josué 88841	Plateure 125866
Valincour	153888	noir	1921	Omhon 121608	Jugeotte 88459
Valjean	150781	noir-zain	1921	Qotonou 130216	Ombrette 118950
Valla	151823	gris-foncé	1921	Médisant 105527	Livie 101560
Valla	153891	gris-foncé	1921	Polonais 125998	Mérode 111344
Vallabrix	152404	gris	1921	Nyctalope 113635	Grivoise 69984
Valladolid	151825	noir	1921	Quanivot 130128	Mentelle 105137
Vallala	150285	noir	1921	Neuilly 112606	Nogentaise 114172
Vallauris	151826	gris	1921	Josué 88841	Ketmée 90619
Vallay	152407	noir	1921	Réséda 133659	Mondaine 58129
Valleret	152411	noir	1921	Réséda 133659	Métastase 107788
Vallerois	152413	gris	1921	Péplum 124974	Salicoque 136797
Vallery	152416	gris-clair	1921	Polus 126947	Hurluberlue 77168
Vallet	151827	gris	1921	Josué 88841	Meulerie 107799
Vallet	152418	noir-zain	1921	Rendu 134614	Quanette 129519
Vallet	153892	gris-foncé	1921	Polonais 125998	Ocana 123554
Vallon	150261	noir	1921	Pouff 124218	Olivette 119718
Vallon	150404	noir	1921	Psoriasis 126479	Konvulsion 93632
Vallon	150783	gris	1921	Poison 125565	Lacrize 99135

NOM	N°	ROBE	Naissance	PÈRE	MÈRE
Vallon	151829	gris	1921	Josué 88841	Navigation 114686
Vallon	151983	noir	1921	Polus 126947	Praline 126172
Vallon	152424	gris-foncé	1921	Roulans 134739	Lamarche 101164
Vallon	153091	gris-foncé	1921	Réginon 134292	Misère 110603
Vallon	153753	gris-vin.	1921	Ouvrier 119107	Quotidienne 131663
Vallon	153893	gris-fer	1921	Polonais 125998	Gastillé 72153
Vallon	154158	gris	1921	Rêvasseur 135749	Onglette 123048
Valmer	150208	gris-foncé	1921	Quadricycle 128838	Khaspour 95173
Valmiki	151831	gris	1921	Quarteron 128953	Oyante 119612
Valmiki	153894	gris-fer	1921	Polonais 125998	Noisette 118654
Valmiki	154700	gris	1921	Nectar 118379	Mirandole 106138
Valmondois	152431	noir	1921	Redoublé 133131	Kongrue 93575
Valmont	151833	noir	1921	Quanivot 130128	Galantine 70693
Valmont	152430	noir	1921	Redoublé 133131	Pouparde 126138
Valmont	153895	gris	1921	Neigeux 112725	Mirette 111315
Valmy	150624	noir-zain	1921	Marguillier 107679	Infidélité 80891
Valmy	151150	gris	1921	Kagot 92240	Sadowa 138270
Valmy	151175	gris	1921	Rectal 135311	Option 120969
Valmy	151223	gris	1921	Josué 88841	Prévision 124916
Valmy	151834	gris-foncé	1921	Quarteron 128953	Jambette 86141
Valmy	152335	noir	1921	Quaron 130724	Lacaille 100494
Valmy	153898	gris-vin.	1921	Polonais 125998	Saire 139349
Valmy	154261	gris	1921	Remonteur 134855	Névrite 118536
Valmy	154697	gris	1921	Quarnot 130722	Noise 117966
Valmy	155023	gris	1921	Kastel 97527	Quartelette 131278
Valoir	153093	gris-foncé	1921	Qualot 131492	Joyeuse 83533
Valois	151838	noir	1921	Quarteron 128953	Lize 100768
Valois	152935	gris-foncé	1921	Juvénal 83553	Galante 97080
Valois	153899	gris-clair	1921	Polonais 125998	Simonide 139137
Valois	154699	gris	1921	Oct 118821	Idole 82848
Valory	150368	noir	1921	Rongetout 133602	Procida 125373
Valparaiso	153900	alezan	1921	Neigeux 112725	Piperie 123386
Valparaiso	154701	bai	1921	Impérator 83461	Nevada 144475
Valprivas	152432	noir	1921	Redoublé 133131	Rieuse 134723
Valpurgis	150756	gris	1921	Nyctalope 113635	Opérette 119143
Valréas	151841	gris	1921	Quanivot 130128	Rondelle 134248
Valréas	152437	gris-clair	1921	Pampelune 124878	Julienne 85528
Valréas	153840	gris	1921	Kourlis 95894	Kanaza 96803
Valromey	153859	gris-foncé	1921	Kourlis 95894	Plombée 128492
Valros	152438	gris-foncé	1921	Pampelune 124878	Originale 119303
Valsemé	152439	noir	1921	Komplex 91539	Iliade 81498
Valseur	150405	gris	1921	Psoriasis 126479	Klarinette 91063
Valseur	150914	gris-foncé	1921	Rata 133599	Quvilla 129987
Valseur	151338	gris-l.-r.	1921	Rhin 133506	Quorniche 130552
Valseur	151432	gris	1921	Rétiaire 134044	Ouverture 121092

NOM	N°	ROBE	Naissance	PÈRE	MÈRE
Valseur	151986	bai-foncé	1921	Polus 126947	Gouttelette 73084
Valseur	152377	bai	1921	Rafiau 132822	Paquerette 64038
Valseur	153097	gris-fer	1921	Rectorat 135318	Japhette 86858
Valseur	153590	noir-zain	1921	Quinola 130134	Joyeuse 89443
Valseur	153756	gris	1921	Ouvrier 119107	Orbite 122560
Valseur	154159	gris-bleu	1921	Keris 93769	Quommune 131995
Valtin	152440	noir	1921	Pampelune 124878	Motte 105428
Valvacé	150408	gris	1921	Psoriasis 126479	Qlarine 129925
Valvacé	153098	gris-foncé	1921	Nétlier 111919	Moelleuse 109973
Valvacé	154162	gris-foncé	1921	Rinceur 135862	Retroussée 135740
Valvé	150409	gris	1921	Roussin 134466	Lasable 100909
Valvé	153100	gris-foncé	1921	Rectorat 135318	Gigi 98381
Valvé	154165	gris-foncé	1921	Keris 93769	Quompagnie 131999
Valy	152441	noir	1921	Pampelune 124878	Majuscule 105443
Vambéry	151842	noir	1921	Quarteron 128953	Léna 100970
Vambéry	153906	gris	1921	Mercy 105783	Quoncise 132038
Vampire	150412	noir	1921	Psoriasis 126479	Obstination 118781
Vampire	150904	gris	1921	Rata 133599	Jaseuse 86016
Vampire	151987	noir	1921	Polus 126947	Meunière 107369
Vampire	152626	gris	1921	Pneu-ex-Palestro 126523	Nora 118678
Vampire	153103	gris-foncé	1921	Releveur 135426	Kouloir 95877
Vampire	153586	noir	1921	Quinola 130134	Rigolette 134962
Vampire	153757	noir	1921	Rorqual 135998	Quatraine 131668
Vampire	154166	gris-foncé	1921	Keris 93769	Lignée 104437
Van	150413	gris	1921	Roussin 134466	Méclipse 108148
Van	151141	noir-zain	1921	Quissac 130271	Oléine 120411
Van	154988	gris	1921	Polus 126947	Jarrie 86305
Van	153105	gris-foncé	1921	Rectorat 135318	Pensylvanie 127130
Vanadarsiné	151022	gris-foncé	1921	Reynal 132841	Frosine 98078
Vanadate	150419	gris	1921	Roussin 134466	Leue 100925
Vanadate	151095	noir	1921	Fier-à-Bras 65250	Picciola 125286
Vanadinite	153113	gris-fer	1921	Rectorat 135318	Nonotte 113452
Vanadium	150414	noir	1921	Roussin 134466	Latone 100919
Vanadium	151094	noir	1921	Fier-à-Bras 65250	Quoréenne 130535
Vanadium	153107	noir	1921	Konstat 95797	Linition 100743
Vanadium	154167	gris-vin.	1921	Keris 93769	Quondition 132050
Vanault	152637	noir	1921	Pampelune 124878	Laitière 99958
Vanchy	152640	noir	1921	Moineau 106576	Noguère 114259
Vancouver	153909	noir	1921	Quissac 130271	Parcelle 127805
Vancouver	154707	bai-brun	1921	Ostabat 123735	Ouaille 122570
Vandal	154709	noir	1921	Ostabat 123735	Ouanne 123739
Vandale	150420	gris	1921	Roussin 134466	Noyelle 114554
Vandale	150712	noir	1921	Quissac 130271	Hallesse 76866
Vandale	153110	gris-foncé	1921	Qualot 131492	Numance 116470
Vandalisme	153722	noir	1921	Muet 109445	Mainlevée 110161

NOM	N°	ROBE	Naissance	PÈRE	MÈRE
Vandelans	152641	noir	1921	Ops 121242	Naucore 115623
Vandère	150900	noir	1921	Fier-à-Bras 65250	Candie 98146
Vandré	152642	gris-clair	1921	Ops 121242	Lentille 102541
Vandy	152644	gris	1921	Kalot 92507	Ida 98496
Vandy	154971	noir	1921	Interprète 80665	Guitare 60823
Vanet	154179	gris	1921	Revoyeur 135788	Larpie 102796
Vanga	150687	noir	1921	Mylord 107421	Octeville 122446
Vanga	153111	gris-foncé	1921	Obus 121402	Lutèce 103528
Vanga	154468	gris-foncé	1921	Rêvasseur 135749	Respectueuse 135668
Vanikoro	151847	noir	1921	Quarteron 128953	Milady 107837
Vanikoro	153910	gris	1921	Nichet 117897	Quolonelle 134925
Vanikoro	154711	noir	1921	Russiot 133133	Eglantine 64071
Vanillé	150685	noir	1921	Péplum 124974	Normale 114824
Vanillé	153114	gris-fer	1921	Rectorat 135318	Nostalgie 112084
Vanillé	154169	noir	1921	Rêvasseur 135749	Kuskute 96420
Vanillier	150690	noir	1921	Ouistreham 120076	Préciosité 126187
Vanillier	153677	gris foncé	1921	Ouvrier 119107	Hâtelle 77304
Vanillier	154173	gris-foncé	1921	Manillon 110245	Ondulante 123039
Vanillon	150691	gris	1921	Napoléon 114031	Palourde 127033
Vanillon	153115	gris	1921	Rectorat 135318	Lignette 104221
Vanillon	154171	gris	1921	Keris 93769	Ondine 123036
Vanini	151849	gris	1921	Quasi 128865	Oraison 149365
Vanini	153913	gris	1921	Nérac 112728	Luette 102687
Vanini	154716	noir	1921	Quoiffeur 130263	Hibernie 84468
Vaniteux	150692	noir	1921	Lichas 98731	Kervadée 95058
Vaniteux	151033	gris-vin.	1921	Pantin 124490	Nuitée 112401
Vaniteux	151072	gris	1921	Rectorat 135318	Sagette 138196
Vaniteux	151318	gris	1921	Pantin 124490	Popeline 126052
Vaniteux	153117	gris-foncé	1921	Qualot 131492	Méandrine 109920
Vaniteux	153678	gris	1921	Muet 109445	Orelia 122473
Vaniteux	154174	gris-foncé	1921	Rinceur 135862	Passagère 127898
Vanloo	151848	gris	1921	Quarteron 128953	Omission 119081
Vanloo	153915	gris-foncé	1921	Nichet 117897	Klovisse 95660
Vanloo	154714	noir	1921	Oct 118821	Klodomira 97245
Vanneau	150694	noir	1921	Moineau 106576	Oisonville 122434
Vanneau	150747	noir-zain	1921	Quanevas 129730	Crête 130242
Vanneau	150910	gris	1921	Rata 133599	Kita 94067
Vanneau	152646	gris	1921	Ops 121242	Palme 126932
Vanneau	153122	gris-fer	1921	Qualot 131492	Occlusion 121411
Vanneau	153679	gris-foncé	1921	Muet 109445	Passerelle 127535
Vanneau	154177	gris-clair	1921	Rêvasseur 135749	Muscade 109481
Vannet	150695	gris	1921	Pégoud 126957	Nouvelle 113642
Vannet	153123	gris-foncé	1921	Obus 121402	Charmante 64536
Vanneur	150696	noir	1921	Ops 121242	Rase 134978
Vanneur	153124	gris-foncé	1921	Qualot 131492	Koupe 95879

NOM	N°	ROBE	Naissance	PÈRE	MÈRE
Vanneur	153736	gris-foncé	1921	Odieux 121492	Mérope 111048
Vanneur	154180	gris-foncé	1921	Kéris 93769	Konfusion 95771
Vannier	153737	gris-foncé	1921	Odieux 121492	Oraison 122539
Vannier	154183	noir	1921	Quitus 130149	Muscadine 109485
Vannoir	150698	noir	1921	Polus 126947	Paternelle 124686
Vannoir	153127	gris-foncé	1921	Néflier 111919	Officieuse 121516
Vannoir	154184	gris	1921	Quompromis 132021	Opinion 121867
Vannoz	154972	gris-c.d.m	1921	Quoin 131888	Mystérieuse 111204
Vanose	154973	noir	1921	Nicobar 118452	Mida 111142
Vantail	150699	gris	1921	Polus 126947	Potidée 124445
Vantail	153128	gris-fer	1921	Néflier 111919	Occurente 121418
Vantail	153738	gris-tr.-f.	1921	Odieux 121492	Quillette 131655
Vantail	154188	noir	1921	Quompromis 132021	Obéissance 122779
Vantard	150786	noir	1921	Qotonnu 130216	Girafe 71345
Vantard	151079	gris	1921	Rob 135906	Belladona 63457
Vantard	151371	gris	1921	Rata 133599	Riflette 133796
Vantard	153129	bai	1921	Néflier 111919	Nervale 114081
Vantard	153723	gris-fer-f.	1921	Pitaud 128421	Ombre 122533
Vantard	154189	gris bleu	1921	Quitus 130149	Kaline 97647
Vantoux	151069	noir	1921	Rectal 135311	Noise 115822
Vantoux	154974	gris-foncé	1921	Quoin 131888	Kobriani 96652
Vanupiais	150768	gris	1921	Quadue 129371	Oceana 119870
Vanupied	150934	gris-foncé	1921	Rata 133599	Oseille 120000
Vanupieds	153749	gris-l.-v.	1921	Odieux 121492	Ramette 134368
Vanzac	152652	noir	1921	Ops 121242	Palès 126924
Vanzac	154977	gris-rouan	1921	Quoin 131888	Lolotte 104351
Vanzy	152653	gris-tr.-cl.	1921	Ops 121242	Reinette 63551
Vaour	152656	gris	1921	Ops 121242	Quortone 130983
Vaour	154979	bai-brun	1921	Quoin 131888	Pie 128576
Vapeur	151012	noir-zain	1921	Fier-à-Bras 65250	Labataille 99548
Vapeur	151102	gris	1921	Rectal 135311	Rechine 133433
Vapor	151075	gris-clair	1921	Kagot 92240	Noue 111924
Vaporeux	150422	gris	1921	Roussin 134466	Nuce 114561
Vaporeux	150432	noir-zain	1921	Psoriasis 126479	Quatalyse 120874
Vaporeux	150971	noir	1921	Qotonnu 130216	Quandie 130001
Vaporeux	151259	noir	1921	Quesnel 129358	Perle 125266
Vaporeux	153131	gris-foncé	1921	Rectorat 135318	Quascade 131611
Vaporeux	153717	noir	1921	Rapide 134867	Goguette 96884
Vaporeux	154190	gris	1921	Quitus 130149	Quomprimée 132016
Vaporisateur	151784	gris-clair	1921	Névrosé 113735	Kapitule 90764
Vaporisateur	153764	noir	1921	Quaiman 129648	Kincardine 96206
Vaporisé	150916	gris-fer	1921	Qokala 129350	Odeur 120792
Vaquois	150340	gris	1921	Psoriasis 126479	Rance 133709
Vaquois	154124	gris	1921	Rognon 135951	Idéale 82820
Var	150314	gris	1921	Quatalpa 129873	Pistache 125947

NOM	N°	ROBE	Naissance	PÈRE	MÈRE
Var	151439	gris-foncé	1921	Pantin 124490	Razé 133926
Var	151850	gris	1921	Quasi 128865	Négatoire 114719
Varacieux	152660	noir	1921	Ops 121242	Pamphylie 126937
Varambon	152664	bai	1921	Ops 121242	Mirabelle 54567
Varan	150433	gris	1921	Roussin 134466	Kanche 90707
Varau	153132	gris-fer	1921	Rectorat 135318	Noceta 114258
Vardar	151337	noir-zain	1921	Receveur 133074	Metella 106737
Vardar	151851	noir	1921	Josué 88841	Ouvragée 121093
Vardar	153918	gris	1921	Mercy 105783	Opposante 121869
Varec	150435	gris	1921	Roussin 134466	Kanamelle 90703
Varec	153134	noir-zain	1921	Obus 121402	Malentente 109804
Varec	154193	gris-foncé	1921	Keris 93769	Risible 135884
Varech	153144	noir	1921	Reynal 132841	Garonne 71274
Varech	153771	gris	1921	Recteur 135313	Jacente 88942
Varen	152662	noir	1921	Kalot 92507	Rue 134774
Varenne	151431	gris-fer	1921	Poison 125565	Kasseroll 92313
Varennes	153778	gris	1921	Recteur 135313	Jarretière 93339
Varès	151287	noir	1921	Poison 125565	Narès 113450
Varès	152663	gris clair	1921	Ops 121242	Maussade 109409
Varetz	152664	noir	1921	Ops 121242	Quosne 130989
Vargo	150239	gris	1921	Poison 125565	Onorée 119978
Vari	150437	noir	1921	Quasi 128865	Quocagne 130162
Vari	153136	noir	1921	Mordicant 110698	Quonscience 130917
Vari	154196	gris	1921	Rinceur 135862	Litorne 101522
Varia	153138	gris-foncé	1921	Rectorat 135318	Jamaïque 88497
Varia	154202	gris-foncé	1921	Rêvasseur 135749	Révolue 136321
Variable	153779	gris-fer	1921	Recteur 135313	Rame 135467
Variant	153544	gris	1921	Relevant 133297	Songeuse 138847
Varicocèle	153780	gris	1921	Recteur 135313	Parcimonie 127543
Varié	150439	noir	1921	Quatalpa 129873	Qloison 130437
Varié	154203	gris-foncé	1921	Rinceur 135862	Noirâtre 116053
Varigney	152666	gris-clair	1921	Ops 121242	Kubara 95440
Varignon	151854	noir	1921	Quanivot 130128	Quomtâle 130351
Varignon	153919	gris foncé	1921	Nichet 117897	Mallette 110184
Varillas	154856	gris	1921	Josué 88841	Ponantaise 126025
Varimont	152667	noir	1921	Ops 121242	Mauviette 107708
Varinfroy	152668	noir	1921	Ops 121242	Nizerolle 114255
Variole	150704	noir-zain	1921	Fier-à-Bras 65250	Ollières 120662
Varioleux	153139	gris-foncé	1921	Rectal 135311	Orbe 122289
Varioli	151277	noir-zain	1921	Fier-à-Bras 65250	Caroline 56029
Variorum	153141	gris-vin.	1921	Reynal 132841	Ognonade 121547
Variqueux	150967	gris-foncé	1921	Qotonnu 130216	Natalie 113287
Variqueux	151041	noir-zain	1921	Rocs 132814	Quenotte 130066
Variqueux	151703	bai-zain	1921	Rhin 133506	Naucelle 117357
Variqueux	154206	gris	1921	Quotient 129087	Orezza 122681

NOM	N°	ROBE	Naissance	PÈRE	MÈRE
Variscourt	152669	noir	1921	Ops 121242	Oronte 121452
Varlet	150256	noir	1921	Négligent 112708	Réception 135270
Varlet	153142	gris-foncé	1921	Récipé 135282	Jacinthe 88167
Varlet	154207	gris-clair	1921	Revoyeur 135788	Kortone 96576
Varlopin	151113	gris	1921	Kagot 92240	Quintessence 130124
Varna	150280	gris	1921	Roussin 134466	Quadrille 129428
Varna	150334	noir	1921	Psoriasis 126479	Lutine 99085
Varna	151863	bai	1921	Quarteron 128953	Quératine 129540
Varney	151857	gris	1921	Josué 88841	Renardière 133943
Varney	152671	noir	1921	Ops 121242	Lamie 103141
Varney	153920	noir	1921	Nichet 117897	Rompue 135965
Varois	152674	gris-clair	1921	Ops 121242	Outarde 122456
Varoli	151858	gris	1921	Josué 88841	Lucanie 101296
Varon	150710	noir	1921	Névrosé 113735	Qastrole 130225
Varpié	153143	noir-zain	1921	Fier-à-Bras 65250	Jouvence 85441
Varrains	152675	noir	1921	Ops 121242	Gonflée 72991
Varrant	151098	noir	1921	Fier-à-Bras 65250	Narration 111942
Varron	151861	gris	1921	Quarteron 128953	Question 129194
Varron	153925	gris-clair	1921	Nichet 117897	Huchette 76049
Vars	152677	noir	1921	Roulans 134739	Coquette 75135
Varsovie	153784	noir	1921	Lutécien 102720	Rallonge 135466
Varsy	154083	gris-foncé	1921	Idomen 83507	Oseraie 121465
Varthon	150972	gris	1921	Roland 133948	Rapine 133569
Vartigue	153145	alezan	1921	Reynal 132841	Muraille 107479
Varus	150524	gris	1921	Pouff 124218	Pie 125742
Varus	150714	gris-vin.	1921	Névrosé 113735	Sacoche 136461
Varus	150962	gris	1921	Quissac 130271	Kyrielle 92215
Varus	151866	noir	1921	Quarteron 128953	Quode 129094
Varus	153146	gris-fer	1921	Rectal 135311	Orbitèle 121991
Varus	153926	gris-foncé	1921	Mercy 105783	Malveillance 110197
Varus	154215	gris	1921	Keris 93769	Mutine 109513
Varvinay	152683	noir	1921	Moineau 106576	Coquine 63507
Varzay	152684	gris-foncé	1921	Remisier 133326	Papaïne 124441
Varzy	151867	noir-zain	1921	Quarteron 128953	Rebecca 134280
Varzy	152685	noir-zain	1921	Kalot 92507	Réplique 133644
Vasais	153149	gris-foncé	1921	Obus 121402	Quelrosse 130069
Vasard	153147	gris-foncé	1921	Rectal 135311	Nonciature 115843
Vasari	151868	gris	1921	Quarteron 128953	Incas 80468
Vasari	153929	gris-foncé	1921	Mercy 105783	Ormette 122682
Vasco	150952	gris-foncé	1921	Qupidon 130054	Parcimonie 127806
Vase	153775	gris-fer	1921	Qualcin 131447	Padaletta 126616
Vaseux	151106	gris-foncé	1921	Obus 121402	Orbicole 121983
Vaseux	151716	gris	1921	Rata 133599	Quastilla 130019
Vaseux	153151	gris foncé	1921	Rectal 135311	Charmante 48134
Vasistas	150437	noir	1921	Quasi 128865	Jativa 85025

NOM	N°	ROBE	Naissance	PÈRE	MÈRE
Vasistas	150938	gris	1921	Fier-à-Bras 65250	Justice 85986
Vasistas	151675	gris	1921	Quadue 129371	Niobide 114872
Vasistas	153152	gris-foncé	1921	Néflier 141919	Plaie 125980
Vasistas	153571	gris-foncé	1921	Marsin 109642	Mode 109194
Vasistas	153773	gris	1921	Importun 80576	Quenelle 131705
Vasistas	154216	gris-bleu	1921	Quompromis 132024	Molfetta 140074
Vasles	152686	gris-foncé	1921	Moineau 106576	Malevole 105478
Vaso	150458	gris	1921	Quêteur 129815	Médiévale 108220
Vaso	153155	gris-foncé	1921	Reynal 132841	Nonuple 115849
Vasogène	150243	gris	1921	Kagot 92240	Résille 153724
Vason	150459	noir-zain	1921	Quasi 128865	Odère 119664
Vassal	150462	noir	1921	Quasi 128865	Risette 62120
Vassal	154300	gris	1921	Quaduc 129371	Kapuce 90780
Vassal	154727	gris	1921	Névrosé 143735	Règne 133962
Vassal	153456	gris-fer	1921	Rectal 135311	Hameçonnée 75363
Vassal	153560	noir-zain	1921	Clément 129934	Méduse 109065
Vassal	153720	noir	1921	Rabelais 134913	Fauvette 98279
Vassal	154217	gris	1921	Rognon 135951	Monicette 104833
Vassel	152688	gris	1921	Pampelune 124878	Majeure 105446
Vasseur	151871	bai	1921	Quarteron 128953	Sociologie 137564
Vasseur	153930	noir	1921	Nérac 112728	Impasse 96886
Vassiveau	153173	gris-fer	1921	Rob 135906	Loue 103458
Vassy	150838	noir	1921	Qotonnu 130216	Riposte 133565
Vassy	151872	gris	1921	Quarteron 128953	Kusmat 90395
Vassy	152698	gris	1921	Kalot 92507	Oxyure 122199
Vassy	154981	gris-foncé	1921	Nicobar 148452	Infernale 82770
Vaste	151275	gris-foncé	1921	Pantin 124490	Orgelette 120600
Vaste	153730	gris-tr.-f.	1921	Muet 109445	Négligente 117762
Vasy	151178	noir	1921	Quaduc 129371	Irye 80882
Vasy	151249	gris	1921	Rata 133599	Quand-Même 130002
Vasy	153294	noir	1921	Négligent 112708	Lanette 100247
Vata	150901	gris	1921	Rata 133599	Ouithe 120574
Vata	151250	gris-foncé	1921	Rata 133599	Rustique 64956
Vatan	152700	noir	1921	Pégoud 126957	Ruine 134502
Vatan	154982	noir-zain	1921	Pâton 127979	Ondulée 123042
Vatel	150250	gris	1921	Moineau 106576	Konfidence 91147
Vatel	150367	gris	1921	Rongetout 133602	Rosaie 133210
Vatel	150542	noir	1921	Josué 88841	Séparation 136473
Vatel	153031	noir	1921	Mercy 105783	Phylaminte 125248
Vatican	150998	gris-foncé	1921	Fier-à-Bras 65250	Paraffine 124460
Vatican	151144	gris-foncé	1921	Qualvados 131498	Quillette 131411
Vatican	153157	noir-zain	1921	Reynal 132841	Liante 99717
Vatican	155022	noir	1921	Recueil 133111	Noquette 116928
Vatout	150464	gris	1921	Quasi 128865	Salonique 137380
Vatout	150837	noir	1921	Roland 133948	Ralliée 133571

NOM	N°	ROBE	Naissance	PÈRE	MÈRE
Vatout	151328	noir	1921	Roland 133948	Quoréenne 132237
Vatout	151874	noir	1921	Quarteron 128953	Miette 107827
Vatout	153731	gris	1921	Placet 125968	Quarantaine 131688
Vatout	154740	noir	1921	Kerdrain 95437	Quotité 131937
Vatraver	151271	gris	1921	Pantin 124490	Molosse 105243
Vatteau	151290	gris	1921	Poison 125565	Icajine 80826
Vattel	154741	gris foncé	1921	Néflier 111919	Orcanetta 123794
Vatther	150978	noir	1921	Qokala 129350	Prise 125269
Vau	153701	gris-foncé	1921	Muet 109445	Questure 131637
Vauban	150991	gris	1921	Qokala 129350	Préfète 124901
Vauban	153552	noir	1921	Nocturnal 112023	Hercine 77617
Vauban	154745	gris-f.-r.	1921	Néflier 111919	Pintade 128570
Vaubécourt	152704	noir	1921	Pégoud 126957	Quiétude 128895
Vaucet	151241	gris-foncé	1921	Quesnel 129358	Saucette 136656
Vaucouleurs	154986	gris-roman	1921	Nénuphar 117675	Rotonde 136266
Vaucour	150469	gris	1921	Névrosé 113735	Magenta 105965
Vaucour	154220	gris	1921	Rinceur 135862	Junon 104748
Vaucourt	153158	gris-foncé	1921	Rectal 135311	Rasière 135182
Vaucouvert	152631	bai-br.-f.	1921	Recueil 133111	Pistache 127452
Vaucresson	150984	noir	1921	Qotonnu 130216	Torgnole 57082
Vaucresson	152707	noir	1921	Moineau 106576	Ramille 132890
Vaud	153777	gris	1921	Odieux 121492	Parure 127461
Vaudesson	152708	noir	1921	Kalot 92507	Neutralité 115745
Vaudevant	152709	noir	1921	Kalot 92507	Pannonie 126964
Vaudeville	153772	noir	1921	Radeau 134903	Ocana 121809
Vaudigny	152712	gris-foncé	1921	Pampelune 124878	Passerelle 126967
Vaudioux	152713	gris-tr.-f.	1921	Pampelune 124878	Naturalité 115617
Vaudois	153159	gris-foncé	1921	Rectal 135311	Quilymène 130293
Vaudois	153933	noir-m.l.z	1921	Nérac 112728	Iroquoise 82795
Vaudois	154221	gris	1921	Quompromis 132021	Evadée 58674
Vaudoyer	153934	noir	1921	Quompromis 132021	Renieuse 135564
Vaudricourt	152716	noir	1921	Pampelune 124878	Mascara 109403
Vaudry	152717	gris-tr.-f.	1921	Pampelune 124878	Offerte 119652
Vaugelas	153935	gris-foncé	1921	Quitus 130149	Paire 127648
Vaugelas	154782	gris-foncé	1921	Néflier 111919	Noyade 118208
Vaugirard	150839	gris-foncé	1921	Roland 133948	Kalotte 97628
Vaugirard	153942	gris-vin.	1921	Mercy 105783	Quarante 131757
Vaugneray	152718	gris-clair	1921	Pampelune 124878	Quourbette 131053
Vaugris	152719	noir	1921	Pampelune 124878	Ourse 122151
Vaujany	152720	gris	1921	Pampelune 124878	Labelle 103245
Vaujours	152723	gris-foncé	1921	Pampelune 124878	Héronnière 78064
Vauleu	150321	gris	1921	Receveur 133074	Bénédite 61718
Vaulx	152721	noir	1921	Moineau 106576	Lamaitrie 98796
Vaumain	152725	noir	1921	Pampelune 124878	Koqueluche 91262
Vaumer	150982	gris	1921	Roland 133948	Lactique 97923

NOM	N°	ROBE	Naissance	PÈRE	MÈRE
Vaunac	152727	gris	1921	Pampelune 124878	Kontractile 91808
Vaupillon	150981	gris	1921	Ramassetout 133573	Scabieuse 138138
Vaupillon	152729	gris	1921	Pampelune 124878	Odense 122228
Vauquelin	153943	noir-m.-t.	1921	Quasson 131729	Manutention 110278
Vauquelin	154753	gris-foncé	1921	Néflier 114919	Quarante 132572
Vauquois	152731	noir	1921	Ops 121242	Gourmande 71860
Vaurayé	151086	gris	1921	Pantin 124490	Jesthine 85937
Vauréal	152732	gris	1921	Ops 121242	Koloupis 95122
Vauriat	152733	gris	1921	Kalot 92507	Kommotion 93109
Vaurien	150322	gris	1921	Receveur 133074	Orcanète 119386
Vaurien	150475	noir	1921	Quêteur 129815	Gaminerie 70695
Vaurien	151333	gris	1921	Roland 133948	Quimina 128789
Vaurien	153162	gris fer	1921	Qualot 131492	Moqueuse 110684
Vaurien	153680	gris-foncé	1921	Ouvrier 119107	Lagune 104272
Vaurien	154223	gris	1921	Rinceur 135862	Passe 127903
Vaurois	152734	gris clair	1921	Kalot 92507	Limace 101411
Vauroux	152735	gris-foncé	1921	Kalot 92507	Sentia 138360
Vaussais	152736	noir	1921	Ops 121242	Moisson 107579
Vautebis	152737	gris-clair	1921	Ops 121242	Nuaison 115921
Vauthier	151034	gris	1921	Pantin 124490	Obsèque 120702
Vauthubert	153021	noir	1921	Réginon 134292	Latitude 98683
Vautoir	153163	noir	1921	Konstat 95797	Laplanche 103399
Vautoir	154224	gris	1921	Nichet 117897	Maritorne 110345
Vautour	150270	noir	1921	Nyctalope 113635	Quasanière 129812
Vautour	150476	gris	1921	Quatalpa 129873	Montenotte 107432
Vautour	151301	noir	1921	Receveur 133074	Opérette 58579
Vautour	151515	gris	1921	Ramassetout 133573	Semaine 138137
Vautour	151880	bai	1921	Roc 132979	Olga 119253
Vautour	152630	noir	1921	Lougre 400470	Odette 124080
Vautour	153165	gris foncé	1921	Rob 135906	Rétine 135702
Vautour	153582	gris-foncé	1921	Pégoud 126957	Ida 98271
Vautour	153768	gris-foncé	1921	Muet 109445	Karlette 92681
Vautour	153902	noir-m.-t.	1921	Qupidon 130054	Qlémence 131944
Vautrait	150477	gris	1921	Quêteur 129815	Mascotte 108097
Vautrait	153166	gris-clair	1921	Rob 135906	Ognette 122936
Vautrait	154225	gris	1921	Nichet 117897	Neuveville 117401
Vauvert	152740	gris-foncé	1921	Kalot 92507	Goupillière 71929
Vauvillers	152444	noir	1921	Kalidun 95297	Mira 108866
Vaux	154609	noir	1921	Redoublé 133131	Halle 78109
Vaux	152447	noir	1921	Ouleux 121183	Javeline 86932
Vauxhall	153167	gris-foncé	1921	Rob 135906	Louisette 59498
Vavain	153168	gris-clair	1921	Rob 135906	Lorraine 103453
Vavassal	153169	noir	1921	Konstat 95797	Nassandre 116558
Vævictis	150522	gris	1921	Quaduc 129371	Salissure 136616
Vavincourt	152448	gris	1921	Juste 85878	Mixture 110626

NOM	N°	ROBE	Naissance	PÈRE	MÈRE
Vavite	150400	gris	1921	Katgut 92560	Légale 99682
Vavray	152450	gris tr.-cl.	1921	Juste 85878	Irlande 79051
Vayrac	151882	gris	1921	Roc 132979	Poularde 125074
Vayrac	152452	gris	1921	Juste 85878	Gracieuse 84452
Vayrac	154754	gris-foncé	1921	Néflier 111919	Quivola 132569
Vaysonier	153170	gris-fer	1921	Konstat 95797	Sancerre 138721
Vazar	151246	gris	1921	Rata 133599	Puisette 125198
Vazerac	152453	gris	1921	Nitrate 111699	Intimité 79125
Vazivoir	151148	noir	1921	Pantin 124490	Limpide 97933
Vazy	150751	gris	1921	Quadue 129371	Risele 134330
Veau	150341	bai	1921	Roussin 134466	Loque 101081
Veau	152454	gris	1921	Nitrate 111699	Neige 112152
Veau	153171	noir	1921	Néflier 111919	Piéride 127244
Vébret	152460	noir	1921	Ouleux 121183	Lafuie 102002
Vecchio	152463	noir	1921	Juste 85878	Biche 93298
Vacellio	151885	gris	1921	Roc 132979	Quostale 130581
Vecellio	154756	gris-foncé	1921	Quinaud 132720	Nacelle 118436
Vécoux	152468	gris	1921	Juste 85878	Mironne 108822
Vecquemont	152469	noir	1921	Kalidun 95297	Iris 98203
Vecteur	150482	gris	1921	Quasi 128865	Honorée 74329
Vecteur	153174	gris-foncé	1921	Récipé 135282	Rifardière 135300
Védas	151887	noir	1921	Roc 132979	Parélie 127830
Védrine	150589	gris-foncé	1921	Quériquet 129124	Pichonne 125048
Végat	151267	noir	1921	Rouget 134282	Laglue 98922
Végétal	150484	noir-zain	1921	Quatalpa 129873	Piverte 125619
Végétal	153175	gris foncé	1921	Néflier 111919	Qualotte 131486
Végétal	154232	gris	1921	Revoyeur 135788	Orangette 123109
Végétarien	150485	gris	1921	Quasi 128865	Grabuche 70097
Végétarien	153178	gris	1921	Rectorat 135318	Maxence 111090
Végétatif	151114	gris	1921	Kagot 92240	Jovialité 85154
Végétatif	153179	noir	1921	Rectorat 135318	Malevole 109802
Végéto	153180	gris-foncé	1921	Rectorat 135318	Piave 127244
Véhément	154233	gris	1921	Romand 135963	Saucède 139457
Véhicule	151007	gris-foncé	1924	Pantin 124490	Objective 149967
Vého	152472	noir-zain	1921	Mordicant 110698	Gallirhoé 72045
Véïen	153183	gris	1921	Rectorat 135318	Nasale 116775
Veigné	152473	noir	1921	Pilon 127251	Maeta 106656
Veigy	152474	noir	1921	Pilon 127251	Limouzine 102201
Veillard	153190	gris-foncé	1921	Néflier 111919	Lisette 54383
Veilleur	154234	gris	1921	Rinceur 135862	Neyron 117409
Veilloir	153193	noir	1921	Rectorat 135318	Kascarille 94886
Veilloir	154235	gris	1921	Rinceur 135862	Quompole 132374
Veilly	152475	gris	1921	Nitrate 111699	Nécrobie 114060
Veinard	150493	gris	1921	Ramassetout 133573	Mie 104949
Veinard	150809	gris	1921	Rata 133599	Quichahute 129344

NOM	N°	ROBE	Naissance	PÈRE	MÈRE
Veinard	151044	noir	1921	Pantin 124490	Malte 105916
Veinard	151753	gris	1921	Névrosé 113735	Latrie 100681
Veinard,	153194	gris-foncé	1921	Récipé 135282	Isette 98408
Veinard	154236	gris	1921	Keris 93769	Quonférence 132051
Veineux	150496	noir	1921	Ramassetout 133573	Jarre 85779
Veissenet	152478	noir	1921	Ouleux 121183	Regina 135246
Vaiziat	152483	noir	1921	Ouleux 121183	Lasse 102088
Vélani	150514	gris	1921	Quaduc 129371	Serbie 136885
Vélani	153196	noir	1921	Quissac 130271	Martelle 109833
Vélani	154239	gris-foncé	1921	Keris 93769	Prague 127342
Vélar	150507	gris	1921	Pouff 124218	Kalize 92095
Vélar	153200	gris foncé	1921	Néflier 111919	Kastine 94905
Vélar	154240	gris-foncé	1921	Keris 93769	Orbicole 123117
Vélar	154244	gris	1921	Rêvasseur 135749	Muqueuse 109470
Velard	150351	noir	1921	Remords 133354	Dégourdie 62102
Vélarium	150520	gris	1921	Receveur 133074	Lippe 101021
Velasquez	151681	noir	1921	Quaduc 129371	Prépotense 126224
Velat	154245	gris	1921	Quitus 130149	Patouillarde 127982
Velay	150653	gris	1921	Rhin 133506	Ondulation 119127
Velay	151889	bai	1921	Josué 88841	Jade 85234
Veldt	150713	gris foncé	1921	Poison 125565	Quatalane 129870
Velerray	150745	gris	1921	Receveur 133074	Kalamata 97640
Velet	150718	gris	1921	Lichas 98731	Négronde 115495
Vélin	150715	gris	1921	Roc 132979	Objection 120263
Velin	151177	gris	1921	Quaduc 129371	Postière 124518
Velin	151699	noir	1921	Rhin 133506	Quorvée 130572
Velino	151892	gris-foncé	1921	Roc 132979	Ocellerie 121177
Vélizy	152488	bai	1921	Refrain 133788	Recherche 134364
Velléité	151299	gris	1921	Marguillier 107679	Joyense 86422
Vellemoz	152489	noir zain	1921	Refrain 133788	Ninette 112249
Velleron	152490	noir	1921	Refrain 133788	Kommune 94081
Vellerot	152491	noir	1921	Ouleux 121183	Kologne 94074
Vellescot	152492	noir-m.-t.	1921	Ouleux 121183	Lison 102213
Vellescot	154999	gris-foncé	1921	Recteur 135313	Ilia 98243
Vello	150833	gris	1921	Quaduc 129371	Juive 85389
Velloreille	152494	noir-zain	1921	Juste 85878	Kouronne 94128
Vélo	150995	gris-foncé	1921	Rouget 134282	Alcide 64309
Vélo	153566	noir	1921	Nocturnal 112023	Mariane 109142
Véloceman	153211	gris foncé	1921	Releveur 135426	Notion 115879
Velogny	152493	noir	1921	Ouleux 121183	Liesville 102181
Velorcey	152496	noir	1921	Ouleux 121183	Politique 126587
Velot	150722	gris-foncé	1921	Kalot 92507	Pépinière 126968
Velournoir	150383	noir	1921	Neuilly 112606	Pocharde 125526
Velours	150615	gris	1921	Ramoneur 133946	Nive 112286
Velours	150719	gris	1921	Polonais 125998	Kérite 97694

NOM	N°	ROBE	NAISSANCE	PÈRE	MÈRE
Velours	153215	gris-cend.	1921	Qualot 131492	Naple 112955
Velouteux	150724	noir	1921	Raliau 132822	Lénore 97822
Velouteux	153216	noir	1921	Réginon 134292	Noueuse 115892
Veloutier	153217	gris-fer	1921	Réginon 134292	Nouillette 115896
Vélox	155047	noir	1921	Quadricycle 128838	Rue 134013
Velpeau	150802	gris-foncé	1921	Roland 133948	Miniche 105690
Velpeau	151895	gris-foncé	1921	Populaire 126058	Incidence 78707
Velter	150728	gris-clair	1921	Polus 126947	Ogivale 120215
Velu	150726	gris	1921	Polus 126947	Note 113799
Velu	150897	gris-foncé	1921	Roland 133948	Caresse 129628
Velu	151671	noir	1921	Receveur 133074	Rosette 59214
Velu	152497	gris	1921	Ouleux 121183	Rosette 135226
Velu	153218	gris-foncé	1921	Rouget 134282	Platée 127272
Velum	150720	gris	1921	Russiot 133133	Libellule 103787
Vélum	153221	gris-fer	1921	Rouget 134282	Mâtine 109868
Velum	153551	noir	1921	Relevant 133207	Ormille 122611
Velvet	150727	gris	1921	Raliau 132822	Liouville 98768
Velvet	153222	gris-cend.	1921	Rouget 134282	Nanterre 115968
Velzic	152502	noir	1921	Juste 85878	Hardie 74404
Venaco	152507	noir	1921	Négligent 112708	Molle 108800
Venaissin	151896	noir	1921	Quarnot 130722	Rose 134002
Venaix	152543	gris	1921	Refrain 133788	Nacinthe 111595
Vénal	150731	gris	1921	Receveur 133074	Opilative 119194
Vénal	153223	bai-tr. f.	1921	Rouget 134282	Plata 127271
Venant	150732	noir zain	1921	Rhin 133506	Mélisse 105645
Venant	153224	gris-foncé	1921	Obus 121402	Recette 133628
Venant	154253	gris	1921	Rêvasseur 135749	Laminerie 103634
Venarey	152508	gris	1921	Négligent 112708	Laurie 102111
Venarsal	152509	noir	1921	Joab 88718	Lasouche 101629
Venas	152510	gris-foncé	1921	Ouleux 121183	Levantine 104142
Venceslas	151894	noir	1921	Josué 88841	Menterie 105398
Venceslas	154760	gris	1921	Obstructif 120705	Osculation 123221
Vendangeoir	153226	gris-fer	1921	Néflier 111919	Kervenice 95254
Vendangeur	150761	bai	1921	Receveur 133074	Naze 114170
Vendangeur	153229	gris-foncé	1921	Rouget 134282	Pulsation 126838
Vendat	152514	gris	1921	Nitrate 111699	Elliet 61569
Vendéen	150762	noir	1921	Receveur 133074	Lyrique 99056
Vendéen	154256	gris-vin.	1921	Kourlis 95894	Régate 133914
Vendel	152512	noir	1921	Juste 85878	Homélie 76646
Vendel	155001	gris-foncé	1921	Quinand 132720	Mare 109608
Vendelin	150764	gris	1921	Queriquet 129124	L'Amie 50093
Vendelin	154255	gris-foncé	1921	Rêvasseur 135749	Jusquiame 85283
Vendeuil	152515	noir	1921	Nitrate 111699	Habileté 76089
Vendeur	150765	gris	1921	Queriquet 129124	Quollante 130202
Vendeur	151355	gris-foncé	1921	Quanevas 129730	Richomme 134322

NOM	N°	ROBE	Naissance	PÈRE	MÈRE
Vendeur	154263	gris	1921	Kéris 93769	Ivorine 83184
Vendin	152516	noir	1921	Nitrate 111699	Illusion 79312
Vandin	153004	gris-foncé	1921	Ratapoil 135870	Riole 135872
Vendôme	152517	gris	1921	Nitrate 111699	Karpathe 94123
Vendôme	153559	gris	1921	Nocturnal 112023	Hiquette 77590
Vendôme	153948	gris	1921	Quasson 131729	Rente 135580
Vendôme	154761	noir	1921	Maquis 110284	Laurence 104528
Vendredi	150448	bai	1921	Quatalpa 129873	Rosette 75244
Vendredi	150770	noir	1921	Neuilly 112606	Occase 118792
Vendredi	150882	gris-foncé	1921	Ramassetout 133573	Chipette 63386
Vendredi	152232	gris-foncé	1921	Rectorat 135318	Régente 135377
Vendredi	153951	gris	1921	Régisseur 133613	Lascotte 103431
Vendredi	154265	gris	1921	Remonteur 134855	Nizerolle 117428
Vendredi	154762	gris-foncé	1921	Mélo 108236	Quartine 132578
Vendredisaint	150471	gris	1921	Quasi 128865	Konteuse 90600
Vendrest	152530	noir	1921	Juste 85878	Quarpe 129767
Vendu	153233	gris-foncé	1921	Rob 135906	Jouvencelle 88310
Vénéjan	152527	bai-brun	1921	Magellan 106093	Lézinne 102467
Vénérable	150937	noir	1921	Roland 133948	Manille 105328
Vénérable	153548	noir	1921	Nocturnal 112023	Klandrine 94358
Vénérand	152531	bai-brun	1921	Refrain 133788	Lorgie 102259
Venet	150180	noir	1921	Qroisy 130286	Lactate 101662
Vénet	153238	gris	1921	Rectorat 135318	Martingale 109832
Venet	154269	noir	1921	Qnougnar 132344	Madeira 109559
Veneur	150181	noir	1921	Quadricycle 128838	Kornue 91635
Veneur	151767	noir-m.-t.	1921	Fier à Bras 65250	Marsaille 107271
Veneur	153239	gris	1921	Rectorat 135318	Lavoye 63531
Veneur	155046	noir	1921	Quinola 130134	Mascotte 109099
Vaney	152532	noir-zain	1921	Refrain 133788	Regale 134380
Vénézuéla	151717	gris-l.-r.	1921	Rata 133599	Savoie 138061
Venezuela	151898	gris	1921	Quesnel 129358	Joviale 98088
Venezuela	153952	gris-foncé	1921	Régisseur 133613	Pluvia 125483
Vénézuélien	150182	gris-clair	1921	Quadricycle 128838	Provision 125144
Vénézuélien	153240	noir	1921	Rectorat 135318	Narine 116769
Vengeur	150184	noir-zain	1921	Qroisy 130286	Névrite 113083
Vengeur	150257	noir-m. t.	1921	Pégoud 126957	Question 131145
Vengeur	150894	bai-brun	1921	Névrosé 113735	Kanule 90751
Vengeur	151776	bai-brun	1921	Névrosé 113735	Chimère 52378
Vengeur	153241	gris-foncé	1921	Qualot 131492	Ramatuelle 135001
Vengeur	154271	gris-foncé	1921	Pâton 127979	Riboteuse 135832
Veni	150355	gris	1921	Remords 133354	Laragne 100900
Véniat	150185	noir	1921	Quadricycle 128838	Jumenteuse 88041
Veniat	153243	gris fer	1921	Oder 121578	Pélisse 126602
Véniel	150187	noir	1921	Moineau 106576	Gaufrette 69859
Véniel	153244	gris foncé	1921	Oder 121578	Quamellia 131512

NOM	N°	ROBE	Naissance	PÈRE	MÈRE
Véniel	154272	gris foncé	1921	Rêvasseur 135749	Nohède 117443
Véniers	152533	gris-foncé	1921	Refus 135364	Cascade 78500
Venimeux	150188	noir-zain	1921	Quadricycle 128838	Quermesse 129561
Venimeux	151349	gris-foncé	1921	Nyctalope 113635	Brillante 59487
Venimeux	153245	bai	1921	Oder 121578	Gisèle 71769
Venin	151010	noir-zain	1921	Fier-à-Bras 65250	Obreptice 120739
Venin	153246	gris-foncé	1921	Qualot 131492	Novice 113911
Venin	154271	gris	1921	Rinceur 135862	Hardie 90126
Venisey	152534	gris	1921	Refrain 133788	Gentille 78458
Venité	150893	gris	1921	Rata 133599	Sophie 136706
Vénitien	150192	noir-zain	1921	Quadricycle 128838	Persécutée 125382
Vénitien	151316	gris	1921	Névrosé 113735	Mimeuse 106782
Vénitien	153247	gris fer	1921	Qualot 131492	Redingote 135341
Vénitien	154276	gris	1921	Keris 93769	Lisière 101512
Venizel	152539	gris	1921	Magellan 106095	Gamine 75256
Venizelos	150269	noir	1921	Quanevas 129730	Quirite 129235
Venizy	152542	noir	1921	Refrain 133788	Novale 112213
Venlo	151901	gris	1921	Quesnel 129358	Juillette 85343
Venlo	153953	gris	1921	Quasson 131729	Ourcelle 122741
Venloo	153956	gris-foncé	1921	Quasson 131729	Mantilly 110273
Venon	152544	gris	1921	Refus 135364	Paulette 126683
Venosc	152546	noir	1921	Refus 135364	Olona 121970
Vensac	152547	noir	1921	Jemarin 87262	Pampelonne 126652
Vent	150193	gris-pr.-b.	1921	Remisier 133326	Naffé 112780
Vent	150834	gris-fer	1921	Quaduc 129371	Lotte 100381
Vent	151523	gris	1921	Fier-à-Bras 65250	Héléna 76819
Vent	153248	noir	1921	Oder 121578	Kigolette 97672
Ventail	150194	gris clair	1921	Remisier 133326	Roquevaire 134700
Ventail	153249	noir	1921	Konstat 95797	Marquise 109810
Venteaux	153251	gris-fer	1921	Importun 80576	Létia 102160
Venteuil	152553	gris	1921	Magellan 106095	Gaza 72614
Venteux	150195	gris-clair	1921	Remisier 133326	Qlaquette 131796
Venteux	153252	gris-fer	1921	Konstat 95797	Pavane 128014
Venteux	154281	gris-foncé	1921	Pâton 127979	Ménade 107716
Ventilateur	150196	gris-tr.-f.	1921	Roulans 134739	Hélène 74828
Ventilateur	151763	gris	1921	Rata 133599	Homologie 77499
Ventilateur	154282	noir	1921	Pâton 127979	Obturante 120133
Ventillon	150198	noir	1921	Quadricycle 128838	Hermine 75488
Ventillon	153255	gris-foncé	1921	Qualot 131492	Kampagne 90904
Ventis	150201	noir	1921	Ouistreham 120076	Ismid 82122
Ventis	153256	gris-foncé	1921	Qualot 131492	Pavie 128020
Ventis	154285	gris-bleu	1921	Kourlis 95804	Nagée 112784
Ventolier	150206	gris-clair	1921	Remisier 133326	Galéasse 72199
Ventolier	154286	gris	1921	Quougnar 132344	Qualcite 131448
Ventôse	153257	gris-fer	1921	Konstat 95797	

NOM	N°	ROBE	Naissance	PÈRE	MÈRE
Ventose	153574	gris	1921	Marsin 109642	Kina 94379
Ventouseur	154288	noir-zain	1921	Manillon 110245	Lina 98223
Ventoux	151897	gris	1921	Quarnot 130722	Noise 112449
Ventoux	153957	gris	1921	Quasson 131729	Némée 117185
Ventoux	154763	noir	1921	Ravignan 136302	Saussaie 140014
Ventre	151707	gris	1921	Receveur 133074	Tricoteuse 54702
Ventrebleu	153259	gris-foncé	1921	Rob 135906	Quampagne 131527
Ventrebleu	154290	gris-foncé	1921	Keris 93769	Osmologie 121037
Ventrecreux	150955	noir	1921	Quissac 130271	Nommée 112331
Ventreheureux	150813	gris-foncé	1921	Qokala 129350	Nauzetupas 113380
Ventresaintgris	150907	gris	1921	Rata 133599	Luna 97883
Ventriloque	151733	gris	1921	Reich 133996	Jambelette 85595
Ventriloque	153558	noir	1921	Quinola 130134	Notice 116185
Ventron	152555	bai-brun	1921	Magellan 106095	Noémie 115123
Ventru	150207	noir	1921	Roulans 134739	Occupante 120136
Ventru	153261	gris-foncé	1921	Rob 135906	Jacqueline 85376
Ventru	154291	noir	1921	Quompromis 132021	Ligue 101446
Venu	150211	gris-foncé	1921	Remisier 133326	Particule 124581
Vénus	150240	gris	1921	Rata 133599	Nuit 114919
Véorus	150519	gris	1921	Quaduc 129371	Raudée 133564
Ver	150213	gris-foncé	1921	Pampelune 124878	Rutule 134793
Ver	151368	noir	1921	Réséda 133659	Jacinthe 84970
Vérascope	150805	gris	1921	Qotonnu 130216	Lotion 102637
Verascope	151315	gris clair	1921	Névrosé 113735	Ozonée 121133
Vérasoie	151787	gris	1921	Fier-à-Bras 65250	Giroflée 98092
Vérat	151199	gris	1921	Lougre 100470	Oléine 120292
Vérâtre	151115	gris	1921	Rectal 135311	Patineuse 124711
Verbal	150212	noir	1921	Pampelune 124878	Rosette 63032
Verbal	151091	gris foncé	1921	Reynal 132841	Herbette 77343
Verbal	153263	gris-clair	1921	Néflier 111919	Lamarche 100518
Verbal	154294	gris-foncé	1921	Ravaillac 136301	Née 116846
Verbasco	151110	gris	1921	Kagot 92240	Quakre 130122
Verbascum	151100	gris-foncé	1921	Quissac 130271	Lacaille 102772
Verbe	150215	noir	1921	Lichas 98731	Qrémone 131070
Verbe	150963	gris	1921	Quissac 130271	Numération 112511
Verbe	151356	gris	1921	Rohart 134256	Hôtesse 73840
Verbeux	153264	gris foncé	1921	Malplaquet 107145	Patiente 127080
Verbeux	154297	gris-foncé	1921	Quinaud 132720	Mûre 110857
Verboquet	150218	noir	1921	Lichas 98731	Kastomia 95303
Verboquet	153267	gris-foncé	1921	Mordicant 110698	Ocelle 121428
Verceil	152164	gris-foncé	1921	Rob 135906	Meutrière 110500
Verceil	153958	gris	1921	Revoyeur 135788	Pucelle 125300
Vercel	152152	gris-foncé	1921	Quadricycle 128838	Kortone 92023
Vercel	152559	gris	1921	Jupiter 88668	Harmonie 84515
Verchamp	152561	gris	1921	Magellan 106095	Oletta 121967

NOM	N	ROBE	NAISSANCE	PÈRE	MÈRE
Verchin	152562	noir	1921	Jonquin 87262	Numa 115157
Vercingétorix	150332	noir-zain	1921	Rougeteau 133602	Nagoya 112528
Vercingétorix	150539	gris	1921	Ramoneur 133946	Kivette 89837
Vercingétorix	151720	gris	1921	Rata 133599	Passerelle 124620
Vercingétorix	152155	noir	1921	Quirat 128885	Goyave 71072
Vercingétorix	152635	bai brun	1921	Recueil 133111	Pistache 126821
Vercingétorix	153206	gris-foncé	1921	Rectorat 135318	Occurrence 121417
Vercingétorix	153962	gris	1921	Régisseur 133613	Palme 127683
Vercingétorix	154767	gris-foncé	1921	Ravignan 136302	Hermionne 97721
Verconsin	152157	bai marr.	1921	Négligent 112708	Oméga 122281
Verconsin	153963	gris-foncé	1921	Quitus 130149	Ondée 124154
Verconsin	154768	gris-foncé	1921	Quinaud 132720	Réclusion 136168
Vercoquin	150223	gris clair	1921	Remisier 133326	Quôte 130996
Vercoquin	154300	gris	1921	Quinaud 132720	Kora 97285
Vercors	153965	gris	1921	Récasseur 135749	Quanzonette 131172
Vercors	154770	gris-foncé	1921	Quinaud 132720	Marquise 111152
Vercourt	152564	noir	1921	Oaleux 121183	Serpolette 139109
Verdal	153270	gris foncé	1921	Rectorat 135318	Scala 138793
Verdal	154301	noir	1921	Quitus 130149	Neurologie 116108
Verdelet	150225	gris-rouan	1921	Magellan 106095	Ratine 135464
Verdelet	153272	noir-zain	1921	Nitrate 111699	Nuée 116461
Verdelet	154302	gris	1921	Quinaud 132720	Pagaie 127618
Verdelot	152568	gris	1921	Lichas 98731	Gentille 57534
Verdenal	152569	gris	1921	Lichas 98731	Kalote 98541
Verdet	150224	noir	1921	Redoublé 133131	Jeufosse 86312
Verdet	150864	noir	1921	Quanivet 130128	Relapse 133289
Verdet	153273	noir-zain	1921	Néflier 111919	Madone 109779
Verdet	154304	gris	1921	Quinaud 132720	Mantinée 109597
Verdeterre	150683	noir-zain	1921	Quissac 130271	Prudente 125247
Verdi	150610	noir	1921	Quesnel 129358	Rouille 133319
Verdi	152158	noir	1921	Négligent 112708	Mère 110429
Verdi	153966	noir	1921	Régisseur 133613	Ovanche 122761
Verdi	154769	noir	1921	Ravignan 136302	Nudité 118141
Verdict	150226	gris	1921	Pampelune 124878	Roye 134778
Verdict	151108	noir	1921	Quissac 130271	Naulage 113997
Verdict	153275	gris-foncé	1921	Rectorat 135318	Librairie 99733
Verdict	154303	noir	1921	Quinaud 132720	Happe 77355
Verdier	150230	gris-foncé	1921	Quadricycle 128838	Jubine 85260
Verdier	151253	gris	1921	Regnon 135951	Révolte 133837
Verdier	153276	gris-foncé	1921	Néflier 111919	Furia 63745
Verdier	154305	noir-zain	1921	Ratapoil 135870	Jenny 88878
Verdigny	152572	noir	1921	Lichas 98731	Quatremère 131107
Verdillon	150232	noir	1921	Ops 121242	Figaro 63084
Verdillon	151258	noir	1921	Quesnel 129358	Onézie 120633
Verdillon	153278	noir	1921	Malplaquet 107145	Rapide 134075

NOM	N°	ROBE	Naissance	PÈRE	MÈRE
Verdillon	154306	noir	1921	Recteur 135313	Marneuse 110356
Verdissant	151298	gris	1921	Médisant 105527	Quintale 130258
Verdon	152160	gris-foncé	1921	Lichas 98731	Naine 115565
Verdon	153968	gris-foncé	1921	Quasson 131729	Levantine 101867
Verdoyant	150233	noir	1921	Ops 121242	Ignorée 79604
Verdoyant	154307	gris	1921	Lutécien 102720	Notation 117122
Verdun	150175	noir	1921	Ornain 119960	Quintessence 1291[illegible]
Verdun	150302	gris	1921	Rouleau 134450	Mouquère 68500
Verdun	150803	noir	1921	Qokala 129350	Frisette 59290
Verdun	151219	noir	1921	Rouleau 134450	Houille 74399
Verdun	151388	gris	1921	Ornain 119960	Kourroie 91353
Verdun	152163	gris-foncé	1921	Neigeux 112725	Joyeuse 88976
Verdun	153207	noir	1921	Rectorat 135318	Pétra 125022
Verdun	153969	gris-foncé	1921	Médisant 105527	Qlairette 131790
Verdun	155052	gris	1921	Quardiff 130770	Nabote 117128
Verdurier	151436	noir	1921	Moineau 106576	Mélibée 106647
Verdurier	153279	noir	1921	Malplaquet 107145	Scalanova 138794
Verdurier	154310	noir	1921	Quinaud 132720	Quonsonne 132120
Verdy	150892	gris	1921	Pantin 124490	Sophie 54523
Véreux	151437	gris-foncé	1921	Pampelune 124878	Radiante 134854
Véreux	153282	gris-foncé	1921	Illettré 81310	Monère 108283
Véreux	154308	gris	1921	Lutécien 102720	Pénale 128119
Verfeil	152150	gris-vin.	1921	Mercy 105783	Varsoviana 55875
Vergé	150819	noir	1921	Qotonnu 130216	Istoire 98084
Vergé	151438	gris-foncé	1921	Reynal 132841	Mirandole 107410
Vergé	154311	noir	1921	Ratapoil 135870	Lyonnaise 102046
Verger	151322	gris	1921	Fier-à-Bras 65250	Lavinie 100532
Verger	151443	noir-zain	1921	Illettré 81310	Hisette 97017
Verger	153283	noir	1921	Néflier 141919	Menette 110385
Vergeron	151439	gris-foncé	1921	Rectal 135314	Hactrice 76557
Vergeron	153284	gris-foncé	1921	Rectorat 135318	Quafardise 131393
Vergeron	154313	gris	1921	Recteur 135313	Quiétude 132598
Vergetier	151444	gris-fer	1921	Lichas 98731	Omessa 119948
Vergetier	153285	noir	1921	Néflier 141919	Ligue 68284
Vergetier	154314	noir	1921	Recteur 135313	Quotidienne 132641
Verglas	151264	gris-foncé	1921	Quissac 130271	Qlergie 131818
Verglas	151446	noir	1924	Ouistreham 120076	Junia 84609
Verglas	153289	noir	1924	Négligent 112708	Quandiote 131552
Verglas	154316	gris	1921	Rinceur 135862	Joueuse 87276
Vergniaud	150620	noir	1921	Poison 125565	Ovata 120320
Vergniaud	153970	bai-br.-z.	1921	Médisant 105527	Nundinale 117114
Vergobret	151448	gris	1921	Ostabat 123735	Orbite 120900
Vergobret	153290	noir	1921	Nitrate 114699	Menuiserie 110415
Vergobret	154317	gris	1921	Keris 93769	Pelade 128083
Vergotine	150277	noir	1924	Quanivot 130128	Résure 134035

NOM	N°	ROBE	Naissance	PÈRE	MÈRE
Vergt	152582	gris-tr.-f.	1921	Négligent 112708	Minceur 110555
Vérificateur	151449	noir	1921	Quadricycle 128838	Ionienne 80889
Vérificateur	154318	gris-cl.-v.	1921	Quitus 130149	Oronge 123198
Vérin	151451	noir	1921	Fier-à-Bras 65250	Menée 107724
Verin	153292	gris-vin.	1921	Négligent 112708	Momie 108343
Vérin	154321	noir	1921	Kéris 93769	Paillarde 127634
Verjus	151453	gris-foncé	1921	Réginon 134292	Quambuse 131509
Verjus	153297	gris-foncé	1921	Négligent 112708	Mouture 109004
Verjus	154322	gris	1921	Pâton 127979	Naïade 117528
Verjuté	151496	noir	1921	Rafian 132822	Nonchalance 114813
Vermandois	151907	gris	1921	Remisier 133326	Kazamance 91960
Vermandois	153977	gris	1921	Mercy 105783	Kolère 95695
Vermeil	151111	noir	1921	Kagot 92240	Nation 111946
Vermeil	151506	alezan-cl.	1921	Remisier 133326	Réduction 133175
Vermeil	153298	gris fer	1921	Mordicant 110698	Modalité 110631
Vermeil	153543	gris clair	1921	Relevant 133297	Ronflette 134940
Vermeil	154323	gris foncé	1921	Pâton 127979	Nageoire 117526
Vermenton	152166	noir	1921	Quadricycle 128838	Landaise 101733
Vermicel	151494	noir	1921	Rafian 132822	Quayenne 130839
Vermicel	153299	gris-foncé	1921	Obus 121402	Némorale 113715
Vermicelle	151674	gris	1921	Quaduc 129371	Outarde 121077
Vermifuge	150278	gris	1921	Quanivot 130128	Niche 112827
Vermifuge	150734	gris	1921	Quanevas 129730	Jeliotte 98157
Vermifuge	150815	gris	1921	Qokala 129350	Robe 133585
Vermillon	150948	noir-zain	1921	Quissac 130271	Juvénie 88658
Vermillon	151458	gris-foncé	1921	Quadricycle 128838	Sultane 78445
Vermillon	153300	noir	1921	Mordicant 110698	Méritante 110444
Vermillon	154325	gris-foncé	1921	Rinceur 135862	Marie 109617
Vermineux	151461	noir m.-t.	1921	Lumineux 100865	Nomenclature 113869
Vermineux	153301	gris-fer	1921	Obus 121402	Nodale 116038
Vermineux	154326	gris	1921	Rinceur 135862	Pélate 128090
Vermis	151462	gris	1921	Remisier 133326	Manne 107168
Vermis	153306	noir-zain	1921	Malplaquet 107145	Onglière 121663
Vermisseau	151463	gris	1921	Quomquis 130396	Quensède 130410
Vermisseau	153308	noir-zain	1921	Nitrate 111699	Narcotine 116767
Vermisseau	154334	gris	1921	Quitus 130149	Naturelle 117590
Vermont	152167	noir	1921	Remisier 133326	Quomvièe 130476
Vermoulu	151466	noir	1921	Quarteron 128953	Melville 105134
Vermoulu	153311	gris-foncé	1921	Mordicant 110698	Neaupblette 116540
Vermoulu	154335	noir	1921	Quitus 130149	Liaison 101884
Vermout	154336	gris-foncé	1921	Rêvasseur 135749	Méquinez 109060
Vermouth	150767	gris	1921	Nyctalope 113635	Plaine 125983
Vermouth	150816	noir-zain	1921	Qokala 129350	Mausade 105708
Vermouth	151467	gris foncé	1921	Rouland 134739	Reinette 132920
Vermouth	152346	gris-rouan	1921	Komplex 91839	Kopieuse 91259

NOM	N°	ROBE	Naissance	PÈRE	MÈRE
Vermouth	152617	noir	1921	Rêvasseur 134073	Kourtine 93201
Vermouth	153814	gris-clair	1921	Kourlis 95894	Coquette 60181
Vernal	151473	gris-foncé	1921	Nyctalope 113635	Kalibre 90634
Vernal	153313	noir-zain	1921	Nitrate 111699	Olivine 121610
Vernal	154337	gris	1921	Quinaud 132720	Quonsciente 132116
Vernant	150652	gris-foncé	1921	Rhin 133506	Série 136569
Vernaz	152591	bai	1921	Quaron 130724	Méta 110467
Verne	153315	noir	1921	Malplaquet 107145	Minette 110567
Vernet	152168	gris-tr.-cl.	1921	Kalot 92507	Kapitale 90787
Vernet	152590	gris	1921	Quaron 130724	Lavallière 104057
Vernet	153208	gris-fer	1921	Rectorat 135318	Orphée 123757
Vernet	153973	gris	1921	Réginon 134292	Président 125250
Verneuil	155026	noir	1921	Octobre 124143	Quichenotte 130753
Verneuil	152171	gris-foncé	1921	Remisier 133326	Kuite 91886
Verneuil	153980	gris	1921	Mercy 105783	Maltaise 110189
Verneuil	154775	gris foncé	1921	Néflier 111919	Réclame 136169
Verni	151204	noir	1921	Quaduc 129371	Palatale 124300
Vernioz	152595	noir	1921	Négligent 112708	Oisive 121599
Vernis	150455	noir	1921	Quêteur 129815	Kabylie 90326
Vernis	150820	gris-foncé	1921	Qokala 129350	Marraine 105717
Vernis	151055	gris	1921	Rata 133599	Risette 132769
Vernis	151779	gris	1921	Rata 133599	Nage 114945
Vernis	154343	noir	1921	Recteur 135313	Oseille 123225
Vernisseur	153317	noir	1921	Malplaquet 107145	Incurie 81555
Vernix	150177	noir	1921	Odieux 121492	Panure 127774
Vernon	152172	gris-foncé	1921	Quadricycle 128838	Malandre 105469
Vernon	153986	gris	1921	Régisseur 133613	Kollante 95912
Vernon	154777	noir-zain	1921	Québec 132753	Ritte 135894
Vernon	155008	noir-m.t.z	1921	Rectal 135311	Moréna 111177
Vernouillet	152600	noir	1921	Négligent 112708	Oualéga 122358
Vernoux	152175	noir	1921	Quadricycle 128838	Romaine 134678
Vernoux	154779	gris-foncé	1921	Quoin 131888	Opulence 123819
Verny	150923	gris	1921	Névrosé 113735	Ophélia 121067
Véro	152601	noir-zain	1921	Nitrate 111699	Pénélope 127123
Véron	150648	gris	1921	Receveur 133074	Longue 101263
Véron	150919	gris-vin.	1921	Rata 133599	Numa 111889
Véron	152607	noir-zain	1921	Juste 85878	Nérite 114365
Véronal	150295	gris	1921	Quatalpa 129873	Naxia 114632
Véronal	151029	gris	1921	Rata 133599	Larde 100659
Vérouèse	154694	gris	1921	Quaduc 129371	Prêtrise 126270
Verpel	152602	gris	1921	Nitrate 111699	Girone 98385
Verpillon	150865	gris	1921	Poison 125565	Piastre 125720
Verquin	152604	gris	1921	Négligent 112708	Noironte 146647
Verrat	154344	gris	1921	Qualcin 131447	Orpin 123850
Verre	150964	bai-chât.	1921	Pantin 124490	Ratissure 133822

NOM	N°	ROBE	Naissance	PÈRE	MÈRE
Verrès	152178	noir	1921	Quirat 128885	Crétine 129272
Verrey	152605	noir	1921	Négligent 112708	Lève 104146
Verricourt	152609	noir	1921	Pilon 127251	Numidie 115164
Verrier	151480	noir	1921	Rongetout 133602	Loge 99516
Verrier	153321	noir	1921	Illettré 81310	Lambourde 99989
Verrier	154345	gris	1921	Recteur 135313	Lafosse 102778
Verrières	150873	gris	1921	Pouff 124218	Pâqueryta 124180
Verrin	151294	noir-zain	1921	Fier-à-Bras 65250	Kilmanne 92269
Verrochio	154782	noir-zain	1921	Kerdrain 95437	Quenotte 132708
Verroit	150680	gris	1921	Pantin 124490	Nouméa 112389
Verron	152615	noir	1921	Quitus 130149	Navrante 117619
Verrou	151485	gris	1921	Rohart 134256	Orle 119312
Verrou	151792	gris	1921	Ramassetout 133573	Krinoline 90558
Verrou	153323	gris-foncé	1921	Illettré 81310	Jongleuse 68024
Verrou	154346	gris	1921	Qualein 131447	Quantrition 132157
Verruqueux	154350	gris	1921	Recteur 135313	Kermesse 96695
Verry	155021	noir	1921	Recueil 133111	Judée 98352
Vers	151488	noir-zain	1921	Nyctalope 113635	Joutière 85618
Vers	152616	gris	1921	Quitus 130149	Lavallière 100701
Vers	153324	gris-foncé	1921	Illettré 81310	Négronde 116553
Versailles	150284	noir-zain	1921	Qotonnu 130216	Pièce 125745
Versailles	153092	gris	1921	Régisseur 133613	Obscénité 122800
Versailleux	152746	noir	1921	Ouistreham 120076	Lectrice 100520
Versant	151803	bai-brun	1921	Névrosé 113735	Océanide 120596
Versant	153325	noir	1921	Illettré 81310	Ratatouille 135193
Versant	154354	gris	1921	Importun 80576	Nébalie 117623
Verseau	151489	gris	1921	Nyctalope 113635	Navarine 111765
Verseau	152180	gris-foncé	1921	Qroisy 130286	Lavallée 98778
Verseau	153326	noir	1921	Illettré 81310	Ornelle 122684
Verseau	154353	bai-brun	1921	Recteur 135313	Outrageuse 123299
Verseau	154785	gris-foncé	1921	Interprète 80665	Question 132595
Verset	151490	noir	1921	Pivert 126000	Kanonique 90728
Verset	153327	noir	1921	Mordicant 110698	Charmante 57506
Verseur	151492	gris	1921	Pivert 126000	Kompote 93124
Verseur	153328	noir	1921	Malplaquet 107145	Quotonnerie 130594
Versiculet	153330	noir	1921	Malplaquet 107145	Marenne 107211
Versigny	152747	noir	1921	Ouistreham 120076	Quanche 130898
Versigny	155017	noir	1921	Mylord 107421	Opérette 120856
Verso	151501	noir	1921	Pampelune 124878	Lacave 99907
Verso	153332	gris-fer	1921	Nitrate 111699	Hie 75765
Verso	154356	gris-foncé	1921	Rameur 136245	Rancune 136141
Versoir	151502	gris	1921	Roc 132979	Noiretable 114262
Versoir	151505	noir	1921	Napoléon 114031	Oligarchie 121593
Versoir	153335	noir	1921	Négligent 112708	Kilmaine 89781
Versoir	154359	alez.-aub.	1921	Rinceur 135862	Lucrèce 104490

NOM	N°	ROBE	Naissance	PÈRE	MÈRE
Verson	152748	noir	1921	Négligent 112708	Gaudriole 73108
Verson	155024	noir-zain	1921	Octobre 124143	Marquise 90237
Versonnex	152749	gris	1921	Lichas 98731	Lisa 103046
Versoud	152750	gris	1921	Malplaquet 107145	Ombrelle 124619
Vert	150891	gris	1921	Rata 133599	Jossette 86003
Vert	151510	noir	1921	Pégoud 126957	Lorgnette 103157
Vert	152181	gris-foncé	1921	Quadricycle 128838	Lactose 104668
Vert	153336	noir	1921	Juste 85878	Symétrie 138584
Vert	154360	gris-foncé	1921	Rameur 136245	Rizette 134535
Vert	154787	noir	1921	Nicobar 118452	Galère 97717
Vertaillac	152186	noir	1921	Oroisy 130286	Profession 126344
Vertain	152751	noir-zain	1921	Quardiff 130770	Amanda 63982
Vertamboz	152753	bai	1921	Moineau 106576	Orangère 121977
Vertault	152755	noir-zain	1921	Moineau 106576	Neige 112984
Vertdegris	151104	noir-zain	1921	Quissac 130271	Pipelette 126910
Vertdegris	151170	gris	1921	Fier-à-Bras 65250	Quettehou 129746
Vertébral	151511	noir	1921	Mordicant 110698	Omophagie 121629
Vertébral	154361	gris	1921	Quompromis 132021	Ostéologie 123250
Vertebré	150707	gris	1921	Pantin 124490	Pontue 125235
Verteillac	152757	bai-brun	1921	Rectorat 135318	Névreuse 145418
Verteillac	154792	noir	1921	Recteur 135313	Musiquette 140894
Verteillac	155025	gris-noir	1921	Octobre 124143	Japonaise 59259
Vertement	153338	gris-foncé	1921	Lichas 98731	Sésostrie 65551
Vertet	151524	noir	1921	Remisier 133326	Lécheuse 103315
Vertet	153340	noir	1921	Lichas 98731	Quarpe 131580
Vertet	154362	noir-m.-t.	1921	Quinaud 132720	Polka 127371
Verteuil	152758	gris-bleu	1921	Rectorat 135318	Lanterne 103037
Verteuil	155028	gris	1921	Octobre 124143	Hippone 98342
Vertex	151063	gris-foncé	1921	Rouget 134282	Brillante 62853
Vertex	151525	noir	1921	Roulans 134739	Gauloise 90149
Vertex	153341	gris-foncé	1921	Lichas 98731	Quarpienne 131583
Vertex	154364	gris-l.-v.	1921	Ravaillac 136301	Médaille 104846
Verthemex	152760	noir	1921	Rectorat 135318	Rainneville 134987
Vertical	151527	gris-cend.	1921	Rouget 134282	Nozière 116722
Vertical	151805	gris	1921	Rectal 135311	Violette 56582
Vertical	153342	noir	1921	Malplaquet 107145	Noyante 116715
Vertical	154365	noir	1921	Rameur 136245	Lèche 104818
Verticille	153344	gris-foncé	1921	Reynal 132844	Octogonale 121478
Vertige	150945	noir	1921	Quissar 130271	Galliéra 70270
Vertige	153345	noir	1921	Rouget 134282	Lisette 103743
Vertigineux	153346	gris-fer	1921	Néflier 111919	Navarraise 116832
Vertigineux	154366	gris	1921	Rameur 136245	Péninsule 128133
Vertigo	151030	noir	1921	Pantin 124490	Qrevette 130064
Vertigo	153349	gris-foncé	1921	Néflier 111919	Ida 79141
Vertigo	154368	noir-zain	1921	Ratapoil 135870	Officine 123949

NOM	N°	ROBE	Naissance	PÈRE	MÈRE
Vertilly	152761	bai-marr.	1921	Rectorat 135318	Occupée 120144
Verton	152763	gris	1921	Quardiff 130770	Orchestrale 121992
Verton	155027	noir	1921	Octobre 124143	Ira 80342
Vertot	152184	noir	1921	Pampelune 124878	Lisette 61337
Vertot	153993	gris	1921	Régisseur 133613	Jove 87474
Vertot	154793	gris-foncé	1921	Mélo 108236	Nef 118185
Vertou	152189	noir zain	1921	Quadricycle 128838	Lahaye 103655
Vertou	152766	gris-vin.	1921	Moineau 106576	Impartiale 80981
Vertpomme	150928	gris-foncé	1921	Qokala 129350	Ostéine 120437
Vertpré	150909	gris	1921	Rata 133599	Quina 129120
Vertubleu	154370	gris	1921	Quompromis 132021	Once 123023
Vertueux	150883	noir	1921	Pantin 124490	Mercière 107756
Vertueux	153350	gris-foncé	1921	Néflier 111919	Rigolette 133422
Vertueux	154372	noir	1921	Quitus 130149	Nigata 116400
Vertugadin	151531	gris-foncé	1921	Rongetout 133602	Oise 120585
Vertugadin	153352	noir	1921	Néflier 111919	Labdache 100486
Vertugadin	154373	gris	1921	Quitus 130149	Manie 110242
Vervant	155029	noir	1921	Octobre 124143	Saine 138837
Verveux	151534	noir	1921	Pivert 126000	Impolie 80101
Verveux	153354	noir-zain	1921	Néflier 111919	Méduse 106506
Verveux	154376	gris-vin.	1921	Quitus 132720	Lisette 98618
Vervins	153997	bai	1921	Quissac 130271	Nulle 117103
Vervins	155030	noir	1921	Octobre 124143	Quiatelle 131271
Véry	155031	bai	1921	Octobre 124143	Margot 65844
Verzy	150658	gris-vin.	1921	Quadue 129371	Ponte 124652
Verzy	152192	bai	1921	Pélissier 126603	Sphère 137761
Verzy	153999	gris	1921	Régisseur 133613	Kassonade 94902
Verzy	155032	noir	1921	Octobre 124143	Hibernie 98341
Vesceron	151535	noir	1921	Rongetout 133602	Quongolaise 130383
Vesceron	154379	noir	1921	Ravaillac 136301	Dalilas 61085
Vescovato	152194	gris-foncé	1921	Quadricycle 128838	Potion 126113
Vescovato	154800	gris-foncé	1921	Rectorat 135318	Nocivité 116982
Vescovato	155033	gris-foncé	1921	Octobre 124143	Joyeuse 98353
Véséris	152197	gris-foncé	1921	Quadricycle 128838	Morille 106929
Véséris	154801	noir-zain	1921	Ostabat 123735	Okazion 120494
Vésical	153355	noir-zain	1921	Néflier 111919	Oblate 122787
Vésicant	151335	noir	1921	Reichs 133996	Quoudre 129270
Vésicant	151540	gris-clair	1921	Réséda 133659	Ornille 119316
Vésicant	153357	gris-foncé	1921	Malplaquet 107145	Juilles 85299
Vésicatoire	151103	gris	1921	Quissac 130271	Lapse 104604
Vésicatoire	153359	gris-foncé	1921	Néflier 111919	Impérite 81913
Vésiculeux	153360	gris-foncé	1921	Néflier 111919	Quartonnerie 131599
Vésinet	150669	gris	1921	Quadue 129371	Ravennière 133560
Vésinet	152199	noir	1921	Quadricycle 128838	Lapie 99628
Vésinet	154002	noir-m.t.z	1921	Reichs 133996	Ozonisation 121134

NOM	N°	ROBE	Naissance	PÈRE	MÈRE
Vésinet	154804	gris-foncé	1921	Néflier 114919	Jouvencia 88826
Vesly	152776	gris	1921	Moineau 106576	Lutteuse 103304
Vesou	151543	gris	1921	Rongetout 133602	Herbagère 74136
Vesou	153362	gris-foncé	1921	Néflier 114919	Lagune 103590
Vesou	154385	gris	1921	Recteur 135313	Batavia 64985
Vesoul	150659	gris-foncé	1921	Quadue 129371	Rainure 133528
Vesoul	152775	gris-p.-ar.	1921	Moineau 106576	Quomine 130882
Vesoul	154004	gris-foncé	1921	Régisseur 133613	Oliente 131820
Vesoul	154805	noir	1921	Ostabat 123735	Litharge 103874
Vesoul	155038	noir	1921	Octobre 124143	Papillon 96960
Vespasien	150642	gris vin.	1921	Rhin 133506	Lamproie 106617
Vespasien	151689	noir-zain	1921	Receveur 133074	Oceuse 118812
Vespasien	152200	gris	1921	Quadricycle 128838	Lacoiffe 101676
Vespasien	154806	gris-foncé	1921	Ostabat 123735	Rouche 134901
Vespéral	153364	gris-foncé	1921	Néflier 114919	Nue 114999
Vespéral	154386	gris foncé	1921	Recteur 135313	Malaria 104849
Vespertilion	153368	gris-foncé	1921	Malplaquet 107145	Oogone 121672
Vespertilion	154388	noir	1921	Qualein 131447	Nauséeuse 117603
Vespétro	151547	gris	1921	Rongetout 133602	Porte 126070
Vespétro	153369	noir	1921	Pilon 127251	Oenoline 121508
Vespétro	154390	gris	1921	Qualein 131447	Navaja 117605
Vesseur	153370	gris-fer	1921	Nitrate 111699	Operculée 121679
Vessey	152777	noir	1921	Moineau 106576	Millième 108411
Vessigon	151550	noir	1921	Pivert 126000	Ibérie 90129
Vessigon	153375	noir	1921	Malplaquet 107145	Mariette 110414
Vessigon	154394	noir-m.-t.	1921	Qualein 131447	Luna 104479
Vestalat	151552	noir	1921	Rongetout 133602	Renoncule 133402
Vestalat	153376	noir	1921	Pilon 127251	Koquetière 94999
Vestalat	154392	noir	1921	Importun 80576	Louvette 104475
Vestiaire	153380	gris-fer	1921	Malplaquet 107145	Lettrine 104141
Vestibule	153382	noir	1921	Pilon 127251	Ina 98406
Vestige	150985	noir	1921	Roland 133948	Kossne 92112
Vestige	153384	gris-foncé	1921	Lichas 98731	Opposition 121707
Veston	151555	noir-zain	1921	Rongetout 133602	Posée 126080
Veston	154397	gris	1921	Qualein 131447	Navarine 117613
Vestric	152780	gris	1921	Quardiff 130770	Quommode 130886
Vestric	155039	noir	1921	Octobre 124143	Moissonneuse 108617
Vestris	152201	noir	1921	Quadricycle 128838	Laiche 101683
Vestris	154807	noir	1921	Rectal 135311	Nauclée 117592
Vésulien	151556	noir	1921	Rongetout 133602	Noix 113529
Vésulien	154399	noir	1921	Recteur 135313	Quoque 132192
Vésuve	150649	gris	1921	Rhin 133506	Lancette 100231
Vésuve	151669	gris-foncé	1921	Quadue 129371	Ignatie 79692
Vésuve	153565	gris	1921	Nocturnal 112023	Marinette 109092
Vêtement	151560	noir	1921	Pivert 126000	Orobanche 119322

NOM	N°	ROBE	NAISSANCE	PÈRE	MÈRE
Vétéran	151558	gris-clair	1921	Rohart 134256	Osmane 119806
Vétéran	154400	gris	1921	Qualein 131447	Péotte 128152
Vétérinaire	153392	gris-foncé	1921	Malplaquet 107145	Optime 121722
Vétillard	151561	noir	1921	Pivert 126000	Nippe 112004
Vétillard	154404	gris	1921	Quompromis 132021	Lausanne 102888
Vétilleur	151562	alezan	1921	Rongetout 133602	Nasse 112643
Vétilleux	151564	noir	1921	Pampelune 124878	Méloplaste 107183
Vétilleux	153393	noir	1921	Mordicant 110698	Moraine 110685
Véto	150241	gris f. v.	1921	Kagot 92240	Inversion 78846
Véto	150665	gris	1921	Receveur 133074	Pavane 62772
Veto	150899	gris	1921	Médisant 105527	Ronce 135070
Veto	151563	gris	1921	Rongetout 133602	Solubilité 137610
Veto	153396	noir	1921	Malplaquet 107145	Lanthane 103705
Veto	154406	gris	1921	Quompromis 132021	Ligne 104213
Vétraz	155040	bai-brun	1921	Octobre 124143	Himère 98348
Vetter	152203	gris	1921	Quadricycle 128838	Impenne 81318
Vétusté	150348	noir	1921	Quasi 128865	Girouette 70772
Veuf	151552	noir	1921	Réséda 133659	Moutarde 107012
Veuf	151565	noir	1921	Rongetout 133602	Hoquette 97064
Veuf	153397	bai	1921	Mordicant 110698	Hotelière 75505
Veuillot	150518	gris	1921	Quadrue 129371	Léontine 100721
Veuillot	152206	gris	1921	Kalot 92507	Lunette 101322
Veuillot	154810	gris-foncé	1921	Recteur 133313	Ortolane 123849
Veuilly	152784	gris	1921	Quanivot 130128	Nyassa 116475
Veuxtu	151153	gris-foncé	1921	Quadrue 129371	Lysippe 101639
Veuxtu	151688	noir	1921	Receveur 133074	Nicolette 57603
Vevay	150644	gris-foncé	1921	Qotonnu 130216	Moucharde 105560
Vevey	152208	noir	1921	Remisier 133326	Poulette 57807
Vexant	151567	gris	1921	Rohart 134256	Mondanité 106882
Vexant	153401	gris-foncé	1921	Malplaquet 107145	Karaque 95644
Vexant	154407	gris-foncé	1921	Quompromis 132021	Houlettée 96851
Vexateur	151568	gris-foncé	1921	Quadricycle 128838	Pospolite 126087
Vexateur	154410	gris clair	1921	Quompromis 132021	Kiev 96401
Vexé	151739	noir	1921	Fier à-Bras 65250	Quarantaine 130244
Vexin	150673	gris	1921	Quanevas 129730	Logique 99519
Vexin	152209	gris	1921	Kalot 92507	Rebelle 133038
Vexin	154811	bai-brun	1921	Quaiman 129648	Mazurke 111193
Veyrac	152786	gris	1921	Releveur 135426	Nonette 115463
Veyras	155041	noir	1921	Octobre 124143	Mathilde 107918
Veyrier	152787	gris	1921	Récipé 135282	Orbitale 121984
Veyrins	152789	noir	1921	Ouistreham 120076	Kadia 95207
Veyziat	152795	noir	1921	Ouistreham 120076	Orbrie 119920
Veyziat	155042	gris	1921	Octobre 124143	Musaraigne 108605
Vézac	152797	gris	1921	Releveur 135426	Négronde 115688
Vézac	155043	noir	1921	Octobre 124143	Mossamedes 107927

NOM	N°	ROBE	Naissance	PÈRE	MÈRE
Vézelay	152211	alez.-br. f.	1921	Remisier 133326	Rosale 134701
Vézelay	152798	noir	1921	Releveur 135426	Nimègue 116401
Vézelois	152799	noir-zain	1921	Releveur 135426	Francine 87656
Vezet	152801	noir	1921	Reichs 133996	Madrilène 109783
Vézier	152804	bai-chât.	1921	Reichs 133996	Optimisme 120535
Vézillon	152805	gris-foncé	1921	Releveur 135426	Mœnadès 109312
Vezot	152806	gris-foncé	1921	Ouistreham 120076	Radicelle 135018
Vezzani	152807	noir	1921	Ouistreham 120076	Keraia 95081
Via	151570	noir	1921	Qroisy 130286	Lorette 98803
Viabilité	151054	gris	1921	Rata 133599	Hydra 98153
Viaduc	150350	noir	1921	Remords 133354	Ibride 81767
Viaduc	150488	gris	1921	Quêteur 129815	Olérone 119674
Viaduc	151336	gris	1921	Quadue 129371	Koquotte 91644
Viaduc	151574	gris	1921	Rongetout 133602	Quatremère 129187
Viaduc	151701	noir	1921	Receveur 133074	Marchandise 105536
Viaduc	153591	gris	1921	Marsin 109642	Kirielle 94433
Viaduc	154414	gris	1921	Quompromis 132021	Percussion 128170
Viager	151575	noir-zain	1921	Rongetout 133602	Nitrière 112014
Viager	154415	gris	1921	Quompromis 132021	Lettré 101864
Viala	150274	gris	1921	Quadue 129371	Noiseraie 112256
Viala	151698	noir	1921	Receveur 133074	Gamine 70777
Viala	152215	noir	1921	Kalot 92507	Mouchette 110639
Viandis	151578	gris	1921	Nyctalope 113635	Peille 124818
Viandis	153402	gris-fer	1921	Odieux 121492	Liage 104167
Viandis	154417	noir-zain	1921	Quompromis 132021	Kabylienne 97267
Viardet	152218	noir-zain	1921	Kalot 92507	Igue 81465
Viardot	154812	gris-foncé	1921	Québec 132753	Kabolette 96719
Viarmès	152811	bai-br.-f.	1921	Reichs 133996	Ninon 113262
Viatique	153403	gris-foncé	1921	Royal 133913	Odeur 121942
Viaud	150939	gris	1921	Roland 133948	Rusée 133810
Viazac	152809	gris-foncé	1921	Quardiff 130770	Payse 124765
Vibord	153406	noir	1921	Recteur 135313	Qlavicule 131805
Vibord	154419	noir	1921	Quompromis 132021	Réplique 133912
Viborg	151580	gris	1921	Réséda 133659	Janicule 84076
Viborg	154815	gris-rouan	1921	Ravignan 136302	Képélie 96693
Vibrant	153408	noir	1921	Odieux 121492	Opportune 124870
Vibrant	153572	noir	1921	Quinola 130134	Hirondelle 93270
Vibrateur	151581	noir-zain	1921	Réséda 133659	Matassin 106244
Vibrateur	153407	noir	1921	Odieux 121492	Korbeille 95017
Vibrer	153412	gris-foncé	1921	Odieux 121492	Kornue 95051
Vibrion	151583	noir	1921	Rongetout 133602	Paromologie 124563
Vibrion	151685	gris	1921	Quadue 129371	Ronceraie 134265
Vibrion	152433	noir-zain	1921	Fier-à-Bras 65250	Lacinée 101663
Vibrion	154421	noir-zain	1921	Quitus 130149	Nécropsie 117637
Vicaire	150304	noir-zain	1921	Psoriasis 126479	Koqueline 90454

NOM	N°	ROBE	Naissance	PÈRE	MÈRE
Vicaire	150651	alezan	1921	Rhin 133506	Saison 136579
Vicaire	151714	gris	1921	Fier-à-Bras 65250	Janicule 85587
Vicdessos	150281	noir	1921	Roussin 134466	Lisette 62820
Vicennal	154422	gris	1921	Quitus 130149	Indienne 62278
Viceprésident	151326	noir	1921	Roland 133948	Ouspillée 120331
Vichnoa	150369	noir-zain	1921	Ravignan 133713	Préville 125372
Vichnou	151369	gris	1921	Quadue 129371	Naucelle 114607
Vichnou	152221	noir	1921	Quadricycle 128838	Castille 56425
Vichnou	154819	gris-foncé	1921	Québec 132733	Liseron 104354
Vichoir	150640	noir	1921	Qokala 129350	Poulette 125083
Vichy	152224	noir	1921	Kalot 92507	Nouka 114906
Vichy	152814	noir	1921	Ouistreham 120076	Midie 109338
Vichy	154008	gris-foncé	1921	Régisseur 133613	Bichette 68258
Vichy	154719	noir	1921	Néflier 111919	Quine 132547
Vicié	151248	gris	1921	Rata 133599	Jahel 84692
Vicieux	151587	noir	1921	Rougetout 133602	Léonore 99675
Vicieux	153417	gris-fer	1921	Recteur 135313	Libertine 104182
Vicieux	154423	gris	1921	Ratapoil 135870	Norma 118311
Vicinal	151588	noir	1921	Quadricycle 128838	Néologie 113565
Vicinal	153542	gris-foncé	1921	Relevant 133297	Kacline 94655
Vicinal	154424	gris	1921	Quompromis 132021	Oxydase 123335
Vicking	150286	gris	1921	Neuilly 112606	Quarrure 129805
Vico	152226	gris-clair	1921	Kalot 92507	Qualydone 130674
Vico	154009	gris-foncé	1921	Qupidon 130054	Jugulaire 88337
Vico	154720	gris-foncé	1921	Mélo 108236	Marâtre 111150
Vicomte	150814	gris-foncé	1921	Qokala 129350	Pétéchie 125134
Vicomte	151367	noir-zain	1921	Reséda 133659	Quoronale 130558
Vicomte	151592	bai	1921	Rougetout 133602	Oureville 119843
Vicomte	153418	gris-vin.	1921	Rob 135906	Répressive 135615
Vicomte	154425	noir-m.-t.	1921	Quompromis 132021	Querdaite 132219
Vicomte	154721	gris-foncé	1921	Obstructif 120705	Paumelle 128594
Vicq	151228	noir	1921	Quesnel 129358	Junon 86022
Vicq	152231	gris	1921	Quadricycle 128838	Mireille 107489
Vicq	152825	gris	1921	Ouistreham 120076	Navarraise 112977
Victimalre	151719	gris	1921	Fier-à-Bras 65250	Oseraie 121036
Victimaire	153420	gris-fer	1921	Rob 135906	Sénonaise 138886
Victis	150392	gris	1921	Neuilly 112606	Patrie 124723
Victoire	151210	gris	1921	Quadue 129371	Monnaie 105230
Victor	150650	noir	1921	Receveur 133074	Nempêchepas 113346
Victor	152227	noir	1921	Qroisy 130286	Rougette 134441
Victor	154010	gris-foncé	1921	Régisseur 133613	Qlientele 131822
Victor	154726	gris-rouan	1921	Obstructif 120705	Nazialla 118165
Victorien	150352	bai	1921	Jonzy 85121	Henriette 74808
Victorien	150735	gris	1921	Reséda 133659	Imbert 78969
Victorieux	151009	gris	1921	Qupidon 130054	Illiade 76782

NOM	N°	ROBE	Naissance	PÈRE	MÈRE
Victorieux	151721	noir	1921	Névrosé 113735	Prime 126285
Victorieux	153421	gris-foncé	1921	Rob 135906	Novelle 116706
Victorieux	154427	noir	1921	Quompromis 132021	Révélation 135760
Victus	150447	gris	1921	Neuilly 112606	Source 137719
Vidage	153422	gris-fer	1921	Rob 135906	Louisville 103470
Vidal	152229	gris-foncé	1921	Quadricycle 128838	Olliergue 122260
Vidal	154012	gris foncé	1921	Rouget 134282	Rosalie 64537
Vidal	154727	gris-foncé	1921	Obstructif 120705	Kalouga 96644
Vidame	151357	noir-m.-t.	1921	Qokala 129350	Rondelle 133566
Vidamé	151769	gris	1921	Névrosé 113735	Mérendère 106403
Vidame	153424	gris foncé	1921	Rob 135906	Numa 116466
Vidanger	153427	gris-foncé	1921	Nichet 117897	Offerte 121878
Vidangeur	153428	gris-foncé	1921	Nichet 117897	Héberge 77893
Vidangeur	154431	noir	1921	Quitus 130149	Nécropole 117635
Videcitron	153431	noir	1921	Quitus 130149	Quouarde 132330
Videment	153434	noir	1921	Quitus 130149	Pagode 127629
Videpoche	151171	gris-foncé	1921	Quasson 131729	Kourtaude 95901
Vidimer	151599	noir	1921	Réséda 133659	Jaffa 84796
Vidimer	154435	gris	1921	Quompromis 132021	Muette 109454
Vidimus	151600	noir	1921	Nyctalope 113635	Poule 127835
Vidimus	153437	gris-foncé	1921	Nichet 117897	Lidie 68408
Vidimus	154436	noir	1921	Quompromis 132021	Maltôte 110195
Vidin	154013	gris	1921	Rouget 134282	Kolonie 95717
Vidin	154729	gris-foncé	1921	Maquis 110284	Harmonie 74337
Vidocq	151008	noir	1924	Fier-à-Bras 65250	Injure 80008
Vie	151796	noir	1921	Ramassetout 133573	Herminette 76777
Viedazur	150677	gris-foncé	1921	Rhin 133506	Quilimane 129208
Vieil	151603	noir	1921	Pivert 126000	Rénovation 133404
Vieil	153439	noir	1921	Odieux 121492	Navicelle 146837
Vieil	154438	gris	1921	Recteur 135313	Paonne 127771
Vieillard	151348	gris-foncé	1921	Rohart 134256	Perception 124984
Vieillard	153440	gris-foncé	1921	Qualcin 131447	Laclasse 104697
Vieillard	154439	noir-zain	1921	Royal 133913	Médaille 109692
Vieilli	151713	gris	1921	Fier-à-Bras 65250	Quoudre 130372
Vieilli	153441	gris-foncé	1921	Royal 133913	Noceuse 117797
Vieillissant	153442	gris-foncé	1921	Royal 133913	Margarine 111064
Vieillot	151604	gris	1921	Pivert 126000	Oronge 121017
Vieillot	153443	gris-foncé	1921	Quaiman 129648	Normale 117844
Vieillot	154440	gris	1921	Recteur 135313	Houlette 98635
Vielleur	151605	gris-foncé	1921	Pivert 126000	Basilide 64434
Vielleur	153446	noir-zain	1921	Rapide 134867	Quantine 131166
Vielleur	154442	noir	1921	Qualcin 131447	Harmonie 98235
Vielmur	152230	gris-foncé	1921	Quadricycle 128838	Quivienne 129572
Vielmur	152826	gris-vin f.	1921	Névrosé 113735	Pacaudière 126892
Vielmur	154014	gris-foncé	1921	Rouget 134282	Panée 127723

NOM	N°	ROBE	NAISSANCE	PÈRE	MÈRE
Vielmur	154730	noir	1921	Ostabat 123735	Matellotte 111123
Vielprat	152827	gris-foncé	1921	Quarteron 128953	Quolline 130307
Viennay	152830	noir	1921	Iodure 82275	Normandie 115470
Viennet	152234	gris-tr.-cl.	1921	Quadricycle 128838	Oriole 120035
Viennet	154015	gris	1921	Quissac 130271	Oléosa 120460
Viennet	154732	noir	1921	Russiot 133133	Quinine 132555
Viersat	152831	noir	1921	Iodure 82275	Kheta 92413
Vierzon	150627	gris	1921	Rhin 133505	Ouvrière 121097
Vierzon	152236	alezan br.	1921	Roulans 134739	Pommeraie 126017
Vierzon	152832	noir	1921	Reichs 133996	Korinthe 92011
Vierzon	154016	bai-brun	1921	Médisant 105527	Laurinée 101796
Vierzon	154733	noir	1921	Obstructif 120705	Outrance 123761
Vierzy	150276	noir	1921	Nyctalope 113635	Solmisation 137608
Vierzy	152833	noir	1921	Ouistreham 120076	Noele 115440
Vieutemps	150590	noir	1921	Quériquet 129124	Rabine 133639
Vieutiré	152341	noir	1921	Quomplex 91539	Lariche 101554
Vieux	151611	noir	1921	Nyctalope 113635	Quausette 129889
Vieux	152837	gris	1921	Reynal 132841	Georgette 71506
Vieux	153447	noir-zain	1921	Odieux 121492	Libellule 104178
Vieux Bellême	151124	gris-foncé	1921	Pantin 124490	Patrouille 125435
Vieux-Mégot	150534	gris	1921	Quesnel 129358	Rozaitte 133435
Vif	150580	noir	1921	Quesnel 129358	Invalide 79020
Vif	151612	gris	1921	Nyctalope 113635	Grisette 97111
Vif	153449	gris-foncé	1921	Odieux 121492	Picorée 128308
Vifargent	151361	gris	1921	Quanovas 129730	Rotonde 134654
Vifargent	151634	noir	1921	Péplum 124974	Quolette 130849
Vigan	150540	gris	1921	Quesnel 129358	Malle 105549
Vigan	152239	gris tr.-cl.	1921	Oroisy 130286	Quoquerelle 130496
Vigan	152839	bai-brun	1921	Reichs 133996	Kakétie 92411
Vigan	154018	gris foncé	1921	Médisant 105527	Castille 61471
Vigan	154821	gris-rouan	1921	Raymond 133714	Normande 117461
Vigeois	154019	gris	1921	Régisseur 133613	Mazarine 106159
Vigeois	154826	gris-foncé	1921	Lédon 101823	Latte 104409
Vigesimo	151614	noir	1921	Ops 121242	Odométrie 120189
Vigesimo	154444	gris	1921	Quompromis 132021	Kénia 96376
Vigevano	154021	gris-	1921	Médisant 105527	Kourroie 95896
Vigil	151242	noir	1921	Quesnel 129358	Grisetta 75199
Vigilant	150310	noir	1921	Quatalpa 129873	Luette 99795
Vigilant	151011	gris	1921	Fier-à-Bras 65250	Noggie 112390
Vigilant	151632	gris	1921	Péplum 124974	Ourthe 121334
Vigilant	151990	alezan-br.	1921	Komplex 91539	Providence 126445
Vigilant	152634	gris-fer-f.	1921	Recueil 133111	Pastourelle 126822
Vigilant	153457	aubère	1921	Royal 133913	Offensée 122907
Vigilant	153557	gris-foncé	1921	Marocain 107904	Mauveine 108172
Vignard	150415	noir	1921	Psoriasis 126479	Capucine 65337

NOM	N°	ROBE	Naissance	PÈRE	MÈRE
Vigneau	151617	noir	1921	Redoublé 133131	Garote 89686
Vigneau	153458	gris-foncé	1921	Royal 133913	Quapote 131191
Vigneau	154447	gris-foncé	1921	Quinaud 132720	Océanide 123362
Vigneron	150258	bai-brun	1921	Pégoud 126957	Hachette 77016
Vigneron	151121	noir	1921	Fier-à-Bras 65250	Maeta 106082
Vigneron	151619	gris	1921	Redoublé 133131	Judaïsme 86239
Vigneron	153459	gris fer	1921	Odieux 121492	Pologne 128763
Vigneron	153577	gris	1921	Marsin 109642	Odette 122637
Vigneron	154450	noir	1921	Quinaud 132720	Peronnelle 128193
Vigneux	152841	bai-br.-f.	1921	Oroisy 130286	Margot 98162
Vignié	151477	noir	1921	Ramassetout 133573	Navigue 111587
Vignoble	151631	gris	1921	Pivert 126000	Paulette 73351
Vignoble	153465	noir	1921	Rob 135906	Menace 110372
Vignoble	154452	gris	1921	Quinaud 132720	Ode 123367
Vignoc	152842	noir	1921	Reichs 133996	Larisse 103076
Vignon	151620	noir	1921	Redoublé 133131	Névrose 114404
Vignon	153466	gris-foncé	1921	Rob 135906	Mode 110635
Vignon	154453	gris	1921	Recteur 133313	Odense 123366
Vignonet	152845	gris-f.-v.	1921	Releveur 135426	Immanente 82236
Vignory	152243	noir	1921	Polus 126947	Niroise 113937
Vignory	152846	gris-foncé	1921	Releveur 135426	Rainville 134990
Vignory	154022	gris	1921	Médisant 105527	Partie 127879
Vignory	154829	noir	1921	Keris 93769	Noise 118402
Vignot	152847	noir	1921	Moineau 106576	Piquette 126911
Vigny	150566	gris-foncé	1921	Pouff 124218	Pigrièche 124212
Vigny	152245	noir	1921	Quadricycle 128838	Orpheline 119333
Vigny	152848	gris-foncé	1921	Moineau 106576	Kotiee 95844
Vigny	154023	gris	1921	Régisseur 133613	Occidentale 122831
Vigny	154832	gris-foncé	1921	Rêvasseur 135749	Mendoza 104914
Vigo	150263	noir	1921	Pouff 124218	Kératite 89678
Vigo	150570	noir	1921	Rhin 133506	Pléiade 124175
Vigo	150703	noir	1921	Kagot 92240	Noutefam 112347
Vigo	152247	gris-foncé	1921	Roulans 134739	Périnée 125016
Vigo	154834	noir	1921	Panama 128415	Qualité 132615
Vigor	150773	noir	1921	Ornain 119960	Bichette 65644
Vigoulet	152849	gris	1921	Récipé 135282	Hilote 77342
Vigoureux	150946	gris	1921	Quissac 139271	Panasserie 127718
Vigoureux	151308	gris	1921	Quadue 129371	Licence 99739
Vigoureux	151493	gris cl. l. v	1921	Pampelune 124878	Licheuse 99744
Vigoureux	151621	gris-clair	1921	Pivert 126000	Konette 92640
Vigoureux	153467	gris-vin.	1921	Rob 135906	Pharnace 127198
Vigoureux	154455	gris-foncé	1921	Médisant 105527	Palikao 125308
Vigueur	151123	gris	1921	Pantin 124490	Obridge 120315
Viguier	151622	noir	1921	Péplum 124974	Quandie 130709
Viguier	153469	noir	1921	Oder 121578	Masselotte 109841

NOM	N°	ROBE	Né	PÈRE	MÈRE
Figuier	154456	noir-m.-l.	1921	Recteur 135951	Ologie 119132
Figy	150550	gris	1921	Quesnel 129358	Oiselappe 119036
Thiers	152248	noir	1923	Roulans 134739	Menthe 107742
Thiers	154835	gris	1921	Robespierre 134346	Glaneuse 73236
Vilain	150450	noir-zain	1921	Quatalpa 129873	Hirondelle 73801
Vilain	151623	noir-zain	1921	Ops 121242	Impasse 81316
Vilain	153470	noir	1921	R.J. 135903	Nasillante 116783
Vilain	154457	gris	1921	Rognon 135951	Sérieuse 54826
Vilainage	153471	gris-fer	1921	Rob 135903	Légende 104083
Vilayet	151624	noir	1921	Pivert 126000	Picardière 126409
Vilayet	153475	gris-foncé	1921	Nichet 117897	Odalisque 121944
Vilayet	154459	gris	1921	Quotient 129087	Maisonnée 110172
Vilbon	152852	gris	1921	Releveur 135426	Chartreuse 67856
Vicey	152853	gris	1921	Releveur 135426	Rousselière 135057
Vlebrequin	151244	gris	1921	Quoman 130246	Galleine 69884
Vlebrequin	151625	gris-foncé	1921	Pivert 126000	Konjurée 93582
Vlebrequin	154460	gris	1921	Revoyeur 135788	Maîtrise 110171
Vlement	151630	gris-foncé	1921	Pivert 126000	Konsonne 93598
Vgrain	150427	noir-zain	1921	Quatalpa 129873	Cabale 68671
Vlabon	152854	gris	1921	Rectorat 135318	Quoraélie 130968
Vlac	152856	rouan	1921	Releveur 135426	Palerme 126920
Vlach	154030	noir	1921	Marguillier 107679	Gitana 70028
Vlach	152249	gris-foncé	1921	Roulans 134739	Noire 112889
Vlacourt	152857	noir	1921	Moineau 106576	Nationale 117725
Vlage	151626	gris-foncé	1921	Raffec 134464	Ourale 121327
Vlage	153476	gris-foncé	1921	Nichet 117897	Koriandre 95038
Vlageois	150429	gris	1921	Quatalpa 129873	Quastagnette 129861
Vlageois	151628	gris	1921	Ops 121242	Quarpathe 130734
Vlageois	151723	gris	1921	Névrosé 113735	Pampe 124342
Vlageois	153477	gris foncé	1921	Nichet 117897	Recherche 134584
Vlageois	154464	gris-foncé	1921	Quasson 131729	Nonciature 117014
Vlamblard	152860	gris	1921	Recipé 135282	Lisière 103179
Vlani	154033	gris-foncé	1921	Reynal 132841	Officiante 122913
Vlani	154837	noir	1921	Lédon 101823	Noria 118297
Vlaret	150554	gris-foncé	1921	Quesnel 129358	Opportune 119339
Vlaret	152254	gris-foncé	1921	Roulans 134739	Roumanille 134740
Vlaret	153587	gris foncé	1921	Quinola 130134	Kolette 94378
Vlaret	154035	gris-foncé	1921	Quissac 130271	Ombelle 120509
Vlaret	154839	gris-foncé	1921	Robespierre 134346	Récidive 136170
Vlars	154724	noir	1921	Kerdrain 95437	Nubile 118139
Vlars	154037	gris-foncé	1921	Quissac 130271	Retaille 135690
Vlars	152937	gris-foncé	1921	Rectorat 135318	Qualque 131489
Vlars	152256	gris-vin.	1921	Remisier 133326	Coquette 54435
Vlars	150569	gris-foncé	1921	Rhin 133506	Lichette 99101
Vlayet	151062	gris	1921	Fier-à-Bras 65250	Fagotte 84373

NOM	N°	ROBE	Naissance	PÈRE	MÈRE
Villaz	152939	gris-fer	1921	Réginon 134292	Kameline 95601
Villebois	150552	noir	1921	Ramassetout 133573	Quabistra 129054
Villebois	152941	gris-foncé	1921	Hiettré 81310	Ratatinée 133192
Villebois	154841	noir	1921	Russiot 133133	Quille 132648
Villebon	152946	noir	1921	Kabot 92507	Nostalgie 147818
Villecerf	152943	gris-fer	1921	Lichas 98731	Khamitique 89756
Villecourt	152945	gris-foncé	1921	Malplaquet 107145	Naissante 116762
Villedieu	152867	gris	1921	Négligent 112708	Charmante 93309
Villefavard	152869	gris	1921	Négligent 112708	Kerlapine 95977
Villeferry	152870	bai-foncé	1921	Négligent 112708	Incorrecte 82167
Villefort	152868	gris	1921	Polus 126947	Honorée 77657
Villefort	154040	bai	1921	Quissac 130271	Retable 135689
Villegardin	152872	gris	1921	Quardiff 130770	Quapelle 131135
Villégiateur	153479	bai-foncé	1921	Odieux 121492	Oasis 121910
Villejuif	152876	gris-foncé	1921	Lichas 98731	Omergue 122435
Villejuif	154842	gris foncé	1921	Robespierre 134346	Jacobiste 88907
Villemain	150563	gris	1921	Pouff 124218	Qualcite 129678
Villemain	152258	gris	1921	Qroisy 130286	Stimulante 137851
Villemain	152877	gris-foncé	1921	Quardiff 130770	Kabe 91229
Villemain	154041	noir	1921	Qupidon 130054	Noire 117263
Villemain	154846	gris-foncé	1921	Robespierre 134346	Quête 132540
Villemardy	152879	noir	1921	Juvénal 83553	Kazvin 89774
Villemaur	152880	gris	1921	Jouillat 88642	Nargue 113577
Villembray	152896	noir	1921	Lichas 98731	Lyssa 103195
Villemer	152882	noir	1921	Lichas 98731	Pasiphaé 126554
Villemeux	152884	gris-foncé	1921	Lichas 98731	Musette 107632
Villemoisan	152897	gris	1921	Lichas 98731	Katharre 95271
Villemontry	152888	noir	1921	Napoléon 114031	Osage 122327
Villemorin	152889	gris-noir	1921	Napoléon 114031	Orose 122320
Villemotier	152890	bai-brun	1921	Napoléon 114031	Manivelle 108313
Villemur	152891	gris	1921	Quanard 131542	Nénie 112156
Villemur	154848	gris-foncé	1921	Robespierre 134346	Oudine 123658
Villemurlin	152892	noir	1921	Napoléon 114031	Ilia 98491
Villemus	152893	gris	1921	Quaron 130724	Larmorienne 10136
Villenage	153480	gris-fer	1921	Quitus 130149	Picpoule 128311
Villenoy	152900	gris-foncé	1921	Napoléon 114031	Olympie 122267
Villentrois	152901	gris-foncé	1921	Juvénal 83553	Miniature 107131
Villeny	152904	noir	1921	Négligent 112708	Liguarde 104636
Villepreux	152908	noir-m.-t.	1921	Lichas 98731	Noise 117851
Villeray	150428	noir	1921	Quatalpa 129873	Quatadoupe 129869
Villerbon	152906	bai-marr.	1921	Juvénal 83553	Rentrée 133410
Villeréal	154044	noir-zain	1921	Quissac 130271	Nocette 117252
Villeret	152909	gris-foncé	1921	Négligent 112708	Négrotine 115637
Villeroi	154045	bai	1921	Quissac 130271	Pocharde 125502
Villeroi	152260	noir	1921	Polus 126947	Harmonie 74183

NOM	N°	ROBE	NAISSANCE	PÈRE	MÈRE
Villeron	152910	noir	1921	Juvénal 85553	Moqueuse 106471
Villeroy	152912	gris	1921	Négligent 112708	Narcéine 115573
Villers	150787	noir	1921	Ramasse-tout 133573	Krotone 92098
Villers	152913	gris	1921	Négligent 112708	Pagny 126621
Villersexel	154046	noir-zain	1921	Quissac 130271	Mouvette 57460
Villerupt	152914	noir	1921	Pégoud 126957	Quinine 129082
Villery	152915	gris-foncé	1921	Napoléon 114031	Quarra 130738
Villetrun	152918	gris-foncé	1921	Pégoud 126957	Nécrologie 115666
Villeux	151636	noir	1921	Ops 121242	Janina 89356
Villeux	153482	gris-foncé	1921	Mercy 105783	Oligarchie 122960
Villiers	151725	noir	1921	Névrosé 113735	Régina 132932
Villiers	152263	noir	1921	Péplum 124974	Juvénie 85168
Villiers	152922	gris	1921	Pégoud 126957	Limagne 100317
Villiers	154048	gris	1921	Rob 135906	Parelle 127812
Villiers	154156	gri	1921	Quitus 130149	Pèlerine 128095
Villiers	154851	gris-foncé	1921	Néflier 111919	Marietta 111145
Villiers	155009	gris-foncé	1921	Rectal 135311	Kystique 92139
Villoiseau	150374	noir-zain	1921	Psoriasis 126479	Lisbonne 101023
Villoison	154049	noir	1921	Qualvados 131498	Kravache 95991
Villoison	154853	gris-rouan	1921	Obstructif 120705	Malicieuse 104870
Villon	154050	noir-zain	1921	Kagot 92240	Kravate 95992
Villy	152924	gris	1921	Quardiff 130770	Insolvable 82371
Vilna	150774	noir	1921	Ornain 119960	Rupicole 134518
Vilory	152925	gris	1921	Quardiff 130770	Nèthe 112585
Vilson	150758	gris	1921	Quanevas 129730	Judith 84054
Vime	153484	gris-foncé	1921	Rectoral 135318	Officielle 119963
Vimeiro	154052	gris	1921	Quissac 130271	Oillotte 120510
Vimory	152928	gris	1921	Quardiff 130770	Navette 115641
Vimory	154054	noir	1921	Quissac 130271	Juignettes 88621
Vimory	154858	gris-foncé	1921	Ravignan 136302	Osoris 123939
Vimoutiers	152930	gris-foncé	1921	Quardiff 130770	Repartie 133667
Vimy	151724	bai	1921	Névrosé 113735	Rangévous 132930
Vimy	152048	gris-clair	1921	Kalot 92507	Jalapa 85383
Vimy	152031	gris	1921	Quardiff 130770	Oletta 122434
Vin	151640	noir	1921	Péplum 124974	Novale 112895
Vin	151783	gris	1921	Névrosé 113735	Haquenée 73930
Vin	153485	noir	1921	Quissac 130271	Palalda 126629
Vinage	151679	gris-foncé	1921	Quadue 129371	Messe 105586
Vinage	153488	bai	1921	Quissac 130271	Néréide 116342
Vinaigre	151354	bai-brun	1921	Quanevas 129730	Oxforde 119852
Vinaigre	151641	noir	1921	Quadricycle 128838	Poutre 126163
Vinaigre	153489	gris-foncé	1921	Rectoral 135318	Kandjam 95062
Vinaigrer	153490	gris-tr.-f.	1921	Rectoral 135318	Quarême 130208
Vinaigrier	151090	noir	1921	Reynal 132841	Gazelle 69475
Vinaigrier	151642	noir	1921	Roukaus 134739	Rapide 66552

NOM	N°	ROBE	Naissance	PÈRE	MÈRE
Vinaigrier	153491	noir	1921	Quissac 130271	Philentrois 125023
Vinaigrier	154470	noir-zain	1921	Romand 135963	Norme 117024
Vinay	150562	gris-foncé	1921	Nyctalope 113635	Passette 124631
Vinay	150843	noir	1921	Quesnel 129358	Hirsette 97127
Vinay	150886	gris	1921	Rata 133599	Alpine 54453
Vinay	152933	gris	1921	Quanivot 130128	Oignie 122429
Vinay	154055	gris	1921	Régisseur 133613	Pérouse 127740
Vinblanc	150613	noir	1921	Quesnel 129358	Massuette 105301
Vinblanc	150778	gris	1921	Quanivot 130128	Pipelette 125836
Vincent	150738	gris	1921	Quanevas 129730	Ricanerie 134128
Vincent	152951	gris	1921	Quardiff 130770	Lili 103336
Vincent	154057	gris	1921	Quasson 131729	Rescription 135639
Vincent	154857	gris-foncé	1921	Ravignan 136302	Ozonométrie 123355
Vincey	152956	noir	1921	Ops 121242	Oreanette 121987
Vinci	150356	noir	1921	Remords 133354	Larche 100901
Vinci	150846	gris	1921	Poison 125565	Rechique 133615
Vinci	151220	gris	1921	Pouff 124218	Piane 125716
Vinci	154058	noir	1921	Quasson 131729	Rapide 55465
Vinci	154859	gris-foncé	1921	Quinaud 132720	Nichette 118333
Vincy	152959	bai-marr.	1921	Ops 121242	Iole 82355
Vindas	151643	noir	1921	Polus 126947	Margelle 107045
Vindas	153493	bai	1921	Kagot 92240	Nife 114592
Vindas	154472	gris	1921	Revoyeur 135788	Nicole 117413
Vindex	154061	noir	1921	Quasson 131729	Olinthe 123419
Vindex	154856	gris-f.-r.	1921	Quinaud 132720	Quonvention 132164
Vindicatif	151644	noir	1921	Polus 126947	Léa II 59857
Vindicatif	151777	alezan-br.	1921	Névrosé 113735	Rusée 133994
Vindicatif	153496	gris-foncé	1921	Obus 121402	Oisellerie 121557
Vindicatif	154473	gris-foncé	1921	Romand 135963	Pertuisane 128225
Vindicos	150509	noir-zain	1921	Pouff 124218	Oseille 119480
Vinet	150242	gris	1921	Rata 133599	Pégoudine 125211
Vinet	154062	gris-foncé	1921	Mercy 105783	Héléaa 93500
Vinet	154860	gris-foncé	1921	Ruffec 133875	Kenouifle 96347
Vineuil	152964	gris	1921	Mylord 107421	Martha 67746
Vineux	150245	gris-foncé	1921	Pantin 124490	Juroterie 86507
Vineux	151647	noir.	1921	Rhin 133506	Hermitière 98055
Vineux	153499	gris-fer	1921	Reynal 132841	Repentie 135603
Vineux	154474	gris-foncé	1921	Revoyeur 135788	Olargue 123389
Vingré	151284	gris	1921	Rognon 135951	Perlette 125441
Vingt	151046	gris-foncé	1921	Pantin 124490	Ouze 120717
Vingt	151648	gris	1921	Rougetout 133602	Ourale 119856
Vingt	151691	noir-m.-t.	1921	Rhin 133506	Caline 55467
Vingt	153500	gris-foncé	1921	Nichet 117897	Nullité 117107
Vingt	154477	gris-foncé	1921	Romand 135963	Résille 135649
Vingtain	151650	noir	1921	Rata 133599	Quotte 130595

NOM	N°	ROBE	Naissance	PÈRE	MÈRE
Vingtain	153503	gris-foncé	1921	Médisant 105527	Perrière 124963
Vingtain	154479	gris	1921	Merey 105783	Quassante 131627
Vingtmars	150279	alezan	1921	Nyctalope 113635	Lignerolle 99806
Vinoy	154063	gris-foncé	1921	Nichet 117897	Parotide 128675
Viol	153504	gris-fer	1921	Médisant 105527	Javalle 86007
Violacé	151329	noir	1921	Qokala 129350	Parisienne 124492
Violacé	151373	gris foncé	1921	Quadricycle 128838	Poupée 126141
Violat	151375	gris-tr.-cl.	1921	Polus 126947	Manchette 107672
Violat	153505	gris-fer	1921	Qupidon 130054	Obsidienale 122819
Violat	154480	gris	1921	Merey 105783	Nouvelle 117286
Violateur	153506	gris-foncé	1921	Qupidon 130054	Joze 88614
Violement	153507	gris-foncé	1921	Qupidon 130054	Machine 110122
Violent	151378	noir	1921	Polus 126947	Nivelle 113022
Violent	151718	gris	1921	Reichs 133996	Oursine 121075
Violent	153509	gris-foncé	1921	Rouget 134282	Logique 102589
Violent	154482	noir-m.t.z	1921	Quotient 129087	Queuedepoêle 130231
Violet	151379	noir	1921	Redoublé 133131	La Fère 63310
Violet	151766	noir	1921	Névrosé 113735	Garcette 71061
Violet	153510	noir	1921	Merey 105783	Qloche 131830
Violet	154483	gris-foncé	1921	Quasson 131729	Nymphée 117127
Violetleduc	150771	noir	1921	Neuilly 112606	Pérette 125658
Violier	151383	gris-foncé	1921	Pampelune 124878	Moise 106584
Violier	153511	gris foncé	1921	Réginon 134292	Obélisque 120466
Violier	154484	noir	1921	Médisant 105527	Qloque 131840
Violiste	153513	gris	1921	Razia 133345	Nanette 115917
Viollet	154064	gris	1921	Nichet 117897	Paillasse 127637
Viollet	154862	gris-foncé	1921	Rameur 136245	Liseronne 103986
Violon	150263	noir-zain	1921	Quarteron 128953	Lamazure 101267
Violon	150609	gris	1921	Poison 125565	Quolérique 129090
Violon	150940	gris	1921	Pantin 124490	Patsèche 125332
Violon	151181	gris	1921	Rognon 135951	Qrésylette 129100
Violon	151382	gris-foncé	1921	Pampelune 124878	Fachette 64399
Violon	151768	gris-clair	1921	Névrosé 113735	Ramette 132877
Violon	153517	gris-clair	1921	Razia 133345	Religion 135428
Violon	154487	gris-clair	1921	Médisant 105527	Pescuse 128238
Violon	155045	noir	1921	Marocain 107904	Marthe 109165
Violoncelle	151384	gris-clair	1921	Polus 126947	Prude 126450
Violoneur	151386	noir	1921	Komplex 91539	Lamourette 100526
Violoneur	153540	gris-foncé	1921	Polonais 125998	Neuille 118607
Violoneur	154490	gris	1921	Médisant 105527	Manche 110211
Violoneux	151387	noir	1921	Roes 132814	Grisette 65417
Violoneux	153536	gris	1921	Quissac 130271	Pérée 127141
Violoneux	154488	noir	1921	Médisant 105527	Qloyère 131848
Violoniste	153593	gris	1921	Quaiman 129648	Quarafe 131220
Violoniste	154492	noir	1921	Réserviste 135650	Pantoire 127766

NOM	N°	ROBE	Naissance	PÈRE	MÈRE
Viorn	150647	gris	1921	Receveur 133074	Mérope 105803
Viotti	152268	gris	1921	Pampelune 124878	Rigolette 73428
Viotti	154066	gris-foncé	1921	Quasson 131729	Nationale 117163
Viotti	154864	bai brun	1921	Ruffec 133875	Orsellie 123953
Vipereau	151655	noir	1921	Ouistreham 120076	Naplitaine 112794
Vipereau	151680	gris	1921	Quadue 129371	Nièvre 114857
Vipereau	153594	noir	1921	Quaïman 129648	Puisaye 127401
Vipereau	154493	noir	1921	Réserviste 135650	Manique 140240
Vipérin	151656	noir	1921	Pampelune 124878	Impalpable 80033
Vipérin	153597	noir	1921	Quaïman 129648	Raine 134921
Vir	151060	noir	1921	Quissac 130271	Invétérée 79160
Viragauche	151234	noir	1921	Ramassetout 133573	Oira 120642
Virage	150798	gris foncé	1921	Qokala 129350	Quratine 128933
Virage	151657	noir	1921	Pampelune 124878	Gagnante 70621
Virage	151667	gris	1921	Quadue 129371	Hampe 73933
Virago	153556	noir	1921	Relevant 133297	Nita 116168
Virchow	152269	noir	1921	Péplum 124974	Superflue 137983
Vire	150750	gris	1921	Quadue 129371	Rive 134331
Virecourt	152967	gris	1921	Quardiff 130770	Martingale 108364
Virelai	151659	noir	1921	Pampelune 124878	Quadrirème 128851
Virelai	153600	gris	1921	Rapide 134867	Ondoyante 124743
Virelai	154497	gris	1921	Quasson 131729	Lingerie 101489
Virement	154499	gris	1921	Quasson 131729	Galante 72171
Viret	152270	gris-clair	1921	Polus 126947	Obsession 120126
Viret	154067	gris-foncé	1921	Nichet 117897	Guillemine 72092
Viret	154866	gris	1921	Quompromis 132021	Revirade 135776
Vireton	151664	gris	1921	Redoublé 133134	Promenade 126368
Vireton	153562	gris	1921	Nocturnal 112023	Ladie 102391
Vireton	153602	gris	1921	Rapide 134867	Lèpre 104419
Vireton	154338	noir	1921	Ratapoil 135870	Margot 98226
Vireton	154500	gris-clair	1921	Mercy 105783	Ocre 122862
Vireur	151026	noir	1921	Pantin 124490	Miction 105271
Vireur	151666	gris-foncé	1921	Rectal 135311	Pictes 124971
Vireur	151676	gris-foncé	1921	Quanevas 129730	Outrageuse 121080
Vireur	153603	gris	1921	Quaïman 129648	Quaravelle 131229
Vireur	154501	noir	1921	Quompromis 132021	Langside 102818
Vireux	150244	noir	1921	Pantin 124490	Kanette 92341
Vireux	152968	gris	1921	Quardiff 130770	Ollioule 122446
Vireux	153607	noir	1921	Razia 133345	Nuit 116737
Vireux	154502	gris-foncé	1921	Mercy 105783	Quôtière 132312
Vireveau	154503	noir-m.-t.	1921	Romand 135963	Lisette 93492
Virevolt	150551	noir-zain	1921	Quesnel 129358	Obérie 119052
Virgile	150330	noir	1921	Psoriasis 126479	Quassonade 129855
Virgile	150856	gris-foncé	1921	Réséda 133659	Pelka 125172
Virgile	151686	gris	1921	Quaduc 129371	Kavalière 94215

NOM	N°	ROBE	Naissance	PÈRE	MÈRE
Virgile	152632	noir-m.-t.	1921	Lougre 100470	Olga 124081
Virgile	154069	gris	1921	Quitus 130149	Navarette 117175
Virginal	151752	gris-foncé	1921	Fier-à-Bras 65250	Marginale 106142
Virginal	154505	gris clair	1921	Quasson 131729	Parlote 127855
Virgo	150797	gris	1921	Qokala 129350	Onparle 119158
Virieu	152271	noir	1921	Polus 126947	Papule 124452
Virieu	154071	gris	1921	Rectorat 135318	Kadole 95521
Viril	151391	gris	1921	Regnault 133719	Kourtoisie 91365
Viril	153608	gris	1921	Razia 133345	Quapsule 131201
Viril	154506	gris	1921	Roch 134653	Orloge 121174
Virlet	152969	gris foncé	1921	Pégoud 126957	Juliobona 88073
Virlouvet	150744	gris	1921	Rongetout 133602	Biche 54155
Viroflay	150790	noir	1921	Ramassetout 133573	Quipique 128803
Viroflay	152970	noir m.-t.	1921	Pégoud 126957	Omerville 122450
Virolet	151393	noir zain	1921	Lumineux 100865	Nikeline 113815
Virolet	153609	noir	1921	Razia 133345	Nubienne 113923
Virolet	154507	noir	1921	Kourlis 95894	Mamelue 110204
Virotyp	151025	noir	1921	Pantin 124490	Miellée 110517
Virton	150504	bai	1921	Josué 88841	Souquenille 137717
Virton	152682	gris foncé	1921	Moineau 106576	Luna 103264
Virtuel	151394	gris	1921	Ornain 119060	Polenta 125607
Virtuel	153610	gris	1921	Razia 133345	Rapsodie 134931
Virtuel	154511	noir m.-t.r	1921	Rinceur 135862	Marianne 109616
Virtuose	151004	noir	1921	Pantin 124490	Gommeuse 71552
Virtuose	151758	noir	1921	Névrosé 113735	Polka 58636
Virulent	151396	gris	1921	Ornain 119060	Siamois 137464
Virulent	153611	gris-rouan	1921	Razia 133345	Négresse 112144
Virulent	154512	bai-brun	1921	Keris 93769	Piaste 128297
Virus	150759	gris	1921	Quaduc 129371	Quilimanie 129196
Virus	151058	noir	1921	Qupidon 130054	Oie 120737
Virus	151193	noir	1921	Rouleau 134450	Klairière 91046
Virus	151398	noir	1921	Lumineux 100865	Nigaude 113865
Virus	154513	gris	1921	Keris 93769	Navucelle 118271
Vis	150597	gris	1921	Quesnel 129358	Opetiote 119040
Visa	150445	gris	1921	Neuilly 112606	Octavie 119661
Visa	151399	noir	1921	Lumineux 100865	Libourne 100989
Visa	153617	noir	1921	Quaiman 129648	Noria 117862
Visage	150874	noir-zain	1921	Quesnel 129358	Station 136682
Visage	150973	gris-foncé	1921	Qokala 129350	Orédule 129287
Visayas	154072	gris-foncé	1921	Nichet 117897	Peuplade 128259
Visayas	154867	gris-rouan	1921	Manillon 110245	Messaline 104905
Viscéral	151403	noir	1921	Lumineux 100865	Seule 137434
Viscéral	154517	noir	1921	Russiot 133133	Ruche 136068
Viscère	153621	noir	1921	Rorqual 135998	Meule 110493
Viscomti	151995	gris-foncé	1921	Quadricycle 128838	Kassure 91168

NOM	N°	ROBE	Naissance	PÈRE	MÈRE
Visconsin	150605	gris	1921	Poison 125565	Kolicq 92163
Visconsul	150629	gris	1921	Rhin 133506	Rogaure 134239
Visconti	150655	gris-foncé	1921	Qokala 129350	Raminette 133555
Visconti	152274	gris-foncé	1921	Quadricycle 128838	Poule 54274
Visconti	154073	gris-clair	1921	Réginon 134292	Parade 127791
Visconti	154868	gris-f.-r.	1921	Quinaud 132720	Hyperbole 73545
Viscos	152977	bai-br.-f.	1921	Pégoud 126957	Maternelle 108367
Visé	152273	noir	1921	Remisier 133326	Orchaise 119927
Viseur	150875	noir	1921	Quesnel 129358	Olive 118918
Viseur	151435	noir	1921	Qotonnu 130216	Labiée 97891
Viseur	151407	gris	1921	Roussin 134466	Rubanée 134029
Viseur	153624	noir	1921	Razia 133345	Mascarade 109837
Viseur	154518	gris	1921	Russiot 133133	Piscine 128404
Visigot	151389	noir	1921	Perturbateur 125648	Quotidienne 129066
Visir	153555	gris-noir	1921	Relevant 133297	Juliette 89288
Visiriat	153669	gris	1921	Ouvrier 119107	Majestueuse 110984
Visiriat	154568	gris	1921	Rossignol 136323	Quoxalgie 132433
Visitateur	151409	gris	1921	Roussin 134466	Personnelle 125642
Visitateur	153626	gris-foncé	1921	Razia 133345	Quénégonde 131241
Visiteur	150921	noir	1921	Pantin 124490	Mandoline 105325
Visiteur	151321	noir-zain	1921	Fier-à-Bras 65250	Laraie 98688
Visiteur	151410	gris	1921	Roussin 134466	Noblesse 143829
Visiteur	153627	gris	1921	Quaron 130724	Polka 126624
Visiteur	154519	gris	1921	Rouloul 136019	Idée 82750
Visker	152979	gris	1921	Quanivot 130128	Nicolle 113422
Visnage	153628	noir-zain	1921	Razia 133345	Nébuleuse 116850
Viso	150446	noir	1921	Neuilly 112606	Scarole 137189
Viso	150454	noir	1921	Quatalpa 129873	Kloque 91426
Viso	152276	noir	1921	Remisier 133326	Prêcheuse 126185
Viso	154077	gris foncé	1921	Quasson 131729	Julia 88547
Viso	154874	gris-foncé	1921	Rameur 136245	Reine 136345
Vison	151412	noir-zain	1921	Lumineux 100865	Onction 118971
Vison	151785	gris	1921	Névrosé 113735	Groseille 70429
Vison	153633	gris-foncé	1921	Quaïman 129648	Fontelaie 93518
Vison	154523	gris	1921	Russiot 133133	Junte 87496
Visorium	151413	alezan	1921	Ornain 119960	Loue 101244
Visorium	154525	gris	1921	Rossignol 136323	Nichée 117901
Visotrou	150274	gris	1921	Neuilly 112606	Io 80762
Visqueux	151414	noir	1921	Ornain 119960	Persuasion 125644
Visuel	153589	gris	1921	Quinola 130134	Karie 95973
Visuel	154536	gris	1921	Rouloul 136019	Nickeline 117905
Visuer	151073	gris	1921	Quissac 130271	Kolline 93057
Vital	150501	gris	1921	Pouff 124218	Ravire 133469
Vital	151421	noir	1921	Lumineux 100865	Oniromancie 120397
Vital	154537	gris	1921	Russiot 133133	Rieuse 136136

NOM	N°	ROBE	NAISSANCE	PÈRE	MÈRE
Vitalien	152277	gris-foncé	1921	Ouistreham 120076	Ladame 100760
Vitalien	154078	gris	1921	Régisseur 133613	Hysope 77346
Vitalien	154875	bai-brun	1921	Rameur 136245	Nichetée 118384
Vitalis	150480	gris	1921	Quasi 128865	Ombrelle 118949
Vitalisme	153635	noir	1921	Razia 133345	Nécrologie 116860
Vite	152042	gris-foncé	1921	Québec 131267	Loulette 101620
Vitelio	150592	gris	1921	Quériquet 129124	Qlaire 129911
Vitellin	151422	gris	1921	Ornain 119960	Qliente 129938
Vitellin	153636	gris-foncé	1921	Ohns 121402	Quarène 131246
Vitellius	150273	gris	1921	Joncy 85121	Noise 112028
Vitellius	150543	gris	1921	Josné 88841	Mézelle 105625
Vitellius	150880	noir	1921	Pouff 124218	Joie 85901
Vitellius	152279	gris-foncé	1921	Roulans 134739	Livadée 100465
Vitellius	154084	gris	1921	Quasson 131729	Oreuse 122864
Vitellius	154877	gris-foncé	1921	Ruflec 133875	Bénédictine 68219
Vitellus	150517	gris	1921	Quadue 129371	Ombellifère 119130
Vitellus	151423	noir	1921	Ornain 119960	Opéra 119710
Vitellus	154540	gris	1921	Russiot 133133	Muette 110837
Vitelot	153639	gris-rouan	1921	Quaïman 129648	Pallas 127513
Vitelot	154542	noir	1921	Ostabat 123735	Nigelles 143767
Viterbe	150498	gris	1921	Receveur 133074	Lancéole 100620
Vitet	152281	noir	1921	Quadricycle 128838	Joubarde 85115
Vitet	154878	noir	1921	Keris 93769	Paraline 128679
Viti	152285	gris	1921	Quadricycle 128838	Natale 113946
Viticulteur	151428	noir	1921	Roussin 134466	Géographie 71001
Viticulteur	153640	gris-foncé	1921	Razia 133345	Rosette 57466
Viticulteur	154544	noir	1921	Robespierre 134346	Kamala 96792
Vitiligo	153641	gris	1921	Kalidun 95297	Coquette 93350
Vitiligo	154547	gris	1921	Russiot 133133	Nitée 117924
Vitrage	153644	noir	1921	Quadein 131447	Lépiote 104118
Vitrail	153585	gris-foncé	1921	Quinola 130134	Quivola 129517
Vitrail	154548	gris	1921	Rouloul 136019	Kaféine 97374
Vitré	150595	gris-foncé	1921	Pouff 124218	Housse 73585
Vitré	152286	gris	1921	Quadricycle 128838	Régalade 133205
Vitré	152082	noir-m.-t.	1921	Moineau 106576	Méprise 107197
Vitré	154088	gris foncé	1921	Nérac 112728	Langue 102819
Vitreux	154550	gris	1921	Ostabat 123735	Joconde 98554
Vitrey	154882	noir	1921	Rosbif 135493	Kanope 96464
Vitrier	153651	noir	1921	Juste 85878	Parade 127522
Vitrier	154552	gris	1921	Russiot 133133	Nervation 117868
Vitrifié	150870	gris-foncé	1921	Pouff 124218	Quilifera 129401
Vitriol	150951	gris-foncé	1921	Roes 132814	Quolérine 129968
Vitriol	151431	noir	1921	Remisier 133326	Konsigne 91567
Vitriol	151761	gris	1921	Rata 133599	Ostéine 121049
Vitriol	153652	noir	1921	Kalidun 95297	Neuveville 116383

NOM	N°	ROBE	Naissance	PÈRE	MÈRE
Vitriol	154553	gris	1921	Russiot 133133	Polka 84464
Vitrioleur	151433	gris-foncé	1921	Reynal 132841	Nocuité 116036
Vitrioleur	153653	noir	1921	Konstat 95797	Nauviale 116527
Vitrioleur	154554	gris	1921	Rouloul 136019	Etincelle 64907
Vitrolle	152978	noir	1921	Moineau 106576	Mandane 107159
Vitry	150588	gris	1921	Receveur 133074	Jeunesse 85783
Vitry	152291	noir	1921	Quirat 128885	Prédelle 126196
Vitry	154087	gris-foncé	1921	Nérac 112728	Quochenille 131867
Vitry	154884	bai-brun	1921	Rouloul 136019	Rousse 136039
Vittel	150862	gris-foncé	1921	Pouff 124218	Flora 90231
Vittel	152292	noir	1921	Remisier 133326	Même 105150
Vittel	154089	gris	1921	Quitus 130149	Kongrue 95778
Vittel	154885	noir	1921	Russiot 133133	Orthologie 123210
Vitu	152296	noir	1921	Remisier 133326	Lasaurie 101746
Vitu	154096	noir	1921	Quompromis 132021	Maquette 110282
Vitula	150532	gris	1921	Roussin 134466	Momie 106874
Vituligo	150533	noir	1921	Roussin 134466	Kroyance 91449
Vitullin	150729	gris	1921	Roussin 134466	Rompue 134260
Vivace	150289	gris	1921	Pouff 124218	Réticence 134047
Vivandier	153654	noir	1921	Quaïman 129648	Paraphrase 127594
Vivandier	154555	gris	1921	Russiot 133133	Fileuse 90112
Vivant	151738	gris	1921	Quardiff 130770	Kaline 95191
Vivant	153656	noir	1921	Razia 133345	Gigogne 98588
Vivant	154557	gris	1921	Rossignol 136323	Quadrature 132469
Vivarais	150584	noir-zain	1921	Réséda 133659	Quenouille 129077
Vivarais	152299	gris-foncé	1921	Pampelune 124878	Quordée 130517
Vivarais	154097	gris	1921	Quompromis 132021	Rillon 135853
Vivarais	154890	gris-foncé	1921	Keris 93769	Moulure 110805
Vivario	152985	gris-foncé	1921	Malplaquet 107145	Junon 90157
Vivat	150614	gris	1921	Quesnel 129358	Porte 125315
Vivat	151740	gris	1921	Pampelune 124878	Alexandra 45226
Vivat	153657	gris-foncé	1921	Quaron 130724	Coquette 75008
Vivat	154558	gris	1921	Polonais 125998	Kagette 97378
Vivement	154561	gris	1921	Polonais 125998	Risette 67686
Viverols	152986	noir	1921	Nétlier 114919	Klasse 94961
Viveur	150795	gris	1921	Qokala 129350	Janizette 85843
Viveur	150927	gris	1921	Ramassetout 133573	Notation 112350
Viveur	153659	noir	1921	Juste 85878	Quaserne 131620
Viveur	154560	gris	1921	Neigeux 112725	Josabeth 98557
Viveur	154710	gris	1921	Obturant 120130	Pic 125471
Vivey	152987	gris	1921	Oder 121578	Paillarde 126918
Viviani	150876	noir	1921	Quanivot 130128	Oubaque 120453
Viviani	154100	gris-foncé	1921	Quitus 130149	Odométrie 122894
Viviani	154892	gris-foncé	1921	Rêvasseur 135749	Ormessa 123817
Vivier	151782	gris	1921	Fier-à-Bras 65250	Olipette 120424

NOM	N°	ROBE	NAISSANCE	PÈRE	MÈRE
Vivier	152988	noir	1921	Oder 121578	Olfaction 121592
Vivier	153662	noir	1921	Razia 133345	Milanière 110535
Vivoin	152504	bai	1921	Juste 85878	Quadmie 131379
Vivoin	152990	noir-zain	1921	Mordicant 110698	Harpale 77871
Vivrier	151745	noir	1921	Polus 126947	Prose 126406
Vivy	152991	noir	1921	Mordicant 110698	Laize 97922
Vizir	151000	gris	1921	Fier-à-Bras 65250	Ogotta 120738
Vizir	151084	gris-foncé	1921	Fier-à-Bras 65250	Martre 106208
Vizir	151746	noir	1921	Ratiau 132822	Osuna 121301
Vizir	153667	bai-zain	1921	Radeau 134903	Quinquennale 131337
Vizir	154566	gris	1921	Rubricateur 136066	Lisette 68042
Vizos	152992	gris	1921	Malplaquet 107145	Bertine 57394
Vladimir	150401	gris	1921	Psoriasis 126479	Rillette 134157
Vladimir	152301	gris	1921	Roulans 134739	Ixora 81325
Vladimir	154103	gris	1921	Quompromis 132021	Opaline 123062
Vladimir	154893	noir-zain	1921	Ruffec 133875	Lustrine 104486
Vladislas	154894	noir-zain	1921	Rameur 136245	Jouteuse 89029
Vlan	150763	noir	1921	Queriquet 129124	Potelée 126104
Vlan	151747	noir	1921	Ratiau 132822	Nominale 114798
Vlan	153670	gris	1921	Radeau 134903	Ralingue 134898
Vlan	154569	gris	1921	Robespierre 134346	Olmeta 123608
Vocabulaire	151285	gris-foncé	1921	Pantin 124490	Pipette 125189
Vocabulaire	151677	gris-f.-l. r	1921	Quanevas 129730	L'Amie 75061
Vocal	151112	noir-zain	1921	Kagot 92240	Cornillère 63688
Vocal	151748	gris	1921	Pampelune 124878	Levantine 99405
Vocal	153671	gris	1921	Quaïman 129648	Licitation 104280
Vocal	154570	noir	1921	Rubricateur 136066	Oramérie 132468
Vocatif	154572	gris	1921	Russiot 133133	Mousquetade 110806
Vocero	153674	gris	1921	Royal 133913	Ordalie 121892
Vocero.	154573	gris	1921	Ostabat 123735	Olonne 123609
Vogel	150775	bai	1921	Ornain 119960	Obole 119704
Vogel	154895	noir	1921	Rêvasseur 135749	Narva 118267
Voglans	152995	gris	1921	Malplaquet 107145	Pervenche 126943
Vogué	150587	gris	1921	Pouff 124218	Océanienne 118805
Vogüé	152303	gris	1921	Pampelune 124878	Quapelle 130754
Vogüé	154105	gris-clair	1921	Merey 105783	Marcassite 110302
Voici	151780	noir	1921	Fier-à-Bras 65250	Rivière 132921
Voici	152036	gris-foncé	1921	Pampelune 124878	Lone 98806
Voici	154574	gris	1921	Rouloul 136019	Quadrige 132475
Void	152096	gris	1921	Mordicant 110698	Ourfa 119839
Voilà	152038	noir	1921	Qroisy 130286	Paulienne 124738
Voilà	154575	noir-zain	1921	Numéro 118363	Placeuse 128434
Voilier	152040	noir	1921	Ratiau 132822	Poterie 124748
Voilier	153522	gris	1921	Rostral 135498	Lucillia 104623
Voilier	154578	noir	1921	Lédon 101823	Quescquenne 132118

NOM	N°	ROBE	Naissance	PÈRE	MÈRE
Voiron	152306	noir	1921	Pampelune 124878	Obèse 122044
Voiron	154897	gris-foncé	1921	Kéris 93769	Palade 128709
Voisenon	152307	noir	1921	Reichs 133996	Lacoudre 104761
Voisenon	154898	gris-foncé	1921	Remonteur 134855	Kila 96781
Voisin	150877	noir	1921	Quanivot 130128	Pomme 125100
Voisin	152041	gris	1921	Rafiau 132822	Pâquerette 61812
Voisin	152309	gris-foncé	1921	Quardiff 130770	Quovilha 131023
Voisin	153523	gris-fer	1921	Kourlis 95894	Incision 82100
Voisin	153580	gris-foncé	1921	Pégoud 126957	Majoration 105439
Voisin	154107	noir	1921	Mercy 105783	Qlandestine 131793
Voisin	154580	gris	1921	Rubricateur 136066	Onesse 123626
Voisin	154901	noir	1921	Kourlis 95894	Sorgue 139782
Voiteur	152310	gris	1921	Pampelune 124878	Napolitaine 114028
Voiteur	154902	gris-foncé	1921	Kourlis 95894	Lentille 104494
Voiturier	152044	noir	1921	Ops 121242	Nouainville 115482
Voiturier	153528	gris-foncé	1921	Roshif 135493	Jarre 89091
Voiturier	154585	noir	1921	Russiot 133133	Mucosité 110835
Voiturin	153529	gris-foncé	1921	Remonteur 134855	Pincette 128365
Voiturin	154586	gris	1921	Rouloul 136019	Ionienne 82654
Voïvodat	153530	bai-marr.	1921	Remonteur 134855	Passée 127904
Vojoli	150327	gris	1921	Quatalpa 129873	Insulte 78662
Vokal	150974	gris	1921	Qokala 129350	Qrécelle 129343
Vokal	151256	noir	1921	Qokala 129350	Odensée 120629
Volant	151236	gris	1921	Roland 133948	Oseraie 119190
Volant	152052	noir	1921	Ornain 119960	Réactive 133032
Volant	153533	noir	1921	Rosbif 135493	Judith 60654
Volant	154589	noir	1921	Robespierre 134346	Musculeuse 110880
Volapuck	151048	gris-foncé	1921	Pantin 124490	Quakaouette 130075
Volapük	152054	gris-clair	1921	Rohart 134256	Occlusine 118801
Volapuk	153535	noir-m.-t.	1921	Roshif 135493	Roséine 135486
Volapuk	154590	gris	1921	Robespierre 134346	Historienne 78384
Volatil	152066	noir-m.-t.	1921	Quanevas 129730	Jantille 84984
Volatil	153788	noir	1921	Remonteur 134855	Pible 128300
Volatil	154591	noir	1921	Russiot 133133	Quenotte 132502
Volauvent	151212	gris	1921	Quaduc 129371	Palmée 124321
Volauvent	151985	bai-foncé	1921	Péplum 124974	Nichée 114413
Volauvent	152618	bai-brun	1921	Rococo 134245	Javotte 87123
Volauvent	154676	gris	1921	Rouloul 136019	Mazurke 140741
Volcan	152062	gris-foncé	1921	Ornain 119960	Lormoie 100835
Volcan	152619	noir	1921	Perturbateur 125648	Paquerette 126820
Volcan	153790	gris-foncé	1921	Kourlis 95894	Osaka 123468
Volcan	154592	gris	1921	Quornaro 130969	Quadruplette 132503
Volé	150668	gris	1921	Qokala 129350	Mode 105905
Volereau	152067	gris	1921	Quanevas 129730	Quaque 129493
Volereau	153792	noir-m.-t.	1921	Numéro 118563	Nocturne 118562

NOM	N°	ROBE	Naissance	PÈRE	MÈRE
Volereau	154598	noir	1924	Robespierre 134346	Plénitude 128474
Volet	152070	gris	1921	Quadoc 129371	Karcasse 90809
Volet	153793	gris-foncé	1921	Neigeux 112725	Etincelle 63631
Volet	154503	gris	1921	Robespierre 134346	Kyrielle 97702
Voleur	151042	gris-foncé	1921	Pantin 124490	Pilardière 126045
Voleur	151765	gris	1921	Névrosé 113735	Rosâtre 134390
Voleur	153862	bai	1921	Neigeux 112725	Renée 135529
Volis	152071	gris	1921	Rongetout 133602	Quenouille 129125
Volis	153795	gris-tr.-f.	1921	Russiot 133133	Péra 126571
Volis	154606	gris	1921	Robespierre 134346	Quantité 132494
Volitif	153796	noir	1921	Lédon 101823	Qaour 132379
Vollon	152311	gris-foncé	1921	Polus 126947	Olynthe 121226
Vollon	154903	gris foncé	1921	Keris 93769	Quenotte 132694
Volnay	153005	gris-foncé	1921	Nitrate 111699	Gosse 75208
Volnay	153885	gris foncé	1921	Polygone 125447	Rueuse 134490
Volney	150879	gris-foncé	1921	Pouff 124218	Pensive 125047
Volney	152314	gris-foncé	1921	Nyctalope 113635	Orphéide 120441
Volney	154904	gris-foncé	1921	Keris 93769	Passerelle 128710
Volo	152315	gris-foncé	1921	Nyctalope 113635	Krapule 91393
Volo	154905	noir	1921	Rameur 136245	Rallonge 136244
Volonne	153004	noir	1921	Kalot 92507	Novelle 113646
Volontaire	151167	gris	1921	Reynal 132841	Isaure 93531
Volontaire	152072	gris-tr.-f.	1921	Nyctalope 113635	Lusace 99247
Volontaire	153537	noir	1921	Pégoud 126957	Mariette 107563
Volontaire	153797	gris-foncé	1921	Roshif 135493	Javie 87414
Volontaire	154607	gris	1921	Rouloul 136019	Orglande 123664
Volontariat	152073	gris	1921	Nyctalope 113635	Noise 113526
Volonté	150287	noir	1921	Neuilly 112606	Sausse 137141
Volontiers	150684	gris foncé	1921	Pantin 124490	Harlette 98573
Volontiers	152074	noir	1921	Réséda 133659	Kabotage 90524
Volt	152075	gris	1921	Rongetout 133602	Quille 129465
Volt	153799	noir-m.-t.	1924	Roshif 135493	Italia 82826
Volt	154608	gris	1921	Raymond 133714	Onglière 123627
Volta	150495	noir	1921	Qotonnu 130216	Opale 119069
Voltaire	150582	gris-foncé	1921	Rhin 133506	Lalerme 52393
Voltaire	151455	gris-vin.	1921	Rococo 134245	Pécheresse 124945
Voltaire	152076	noir	1921	Quarteron 128953	Moqueuse 106306
Voltaire	152316	gris-foncé	1921	Nyctalope 113635	Jurée 87927
Voltaire	153575	gris-clair	1921	Marsin 109642	Libertine 103945
Voltaire	153801	gris-foncé	1921	Kourlis 95894	Paraphe 127800
Voltaire	154106	gris	1921	Quitus 130149	Question 132536
Voltaire	154613	gris	1921	Lédon 101823	Kadora 97301
Voltaire	154906	gris-foncé	1921	Rameur 136245	Pieuvre 128327
Voltairien	153803	noir	1921	Lédon 101823	Révoltée 133893
Volté	151087	bai	1921	Pantin 124490	

NOM	N°	ROBE	Naissance	PÈRE	MÈRE
Voltaface	150612	gris-vin.	1921	Poison 125565	Petite 124900
Volti	152080	gris-foncé	1921	Rohart 134256	Ligne 99348
Volti	153805	noir	1921	Kourlis 95894	Grivoise 72802
Volti	154615	bai	1921	Lédon 101823	Bertine 64155
Voltigeant	151213	gris	1921	Quaduc 129371	Image 80562
Voltigeur	150824	gris-foncé	1921	Quesnel 129358	Rubis 133594
Voltigeur	151974	gris clair	1921	Péplum 124974	Goguette 73191
Voltigeur	152085	noir	1921	Pouff 124218	Ligature 99803
Voltigeur	153808	gris-foncé	1921	Kourlis 95894	Naturlich 118710
Voltigeur	153889	gris-vin.	1921	Neigeux 112725	Idole 82500
Voltigeur	154616	noir	1921	Kourlis 95894	Huppe 78373
Voltigeur	154715	gris	1921	Oct 118821	Junia 93462
Voltri	152318	gris-clair	1921	Rohart 134256	Oreste 119769
Voltri	154907	noir	1921	Lédon 101823	Légende 104501
Volturno	152320	gris-foncé	1921	Rohart 134256	Orélie 119768
Volturno	154908	gris-rouan	1921	Panama 128415	Quorme 132246
Volubilis	150866	gris-foncé	1921	Pouff 124218	Quêteuse 129130
Volubilis	151518	gris	1921	Quanevas 129730	Pelote 65156
Volubilis	152088	gris	1921	Rohart 134256	Robuste 134225
Volubilis	153812	gris-foncé	1921	Lédon 101823	Mouette 111318
Volubilis	154617	gris	1921	Remonteur 134855	Kilomètre 96786
Volume	151762	gris-foncé	1921	Rata 133599	Merciére 106398
Volume	152089	gris	1921	Rohart 134256	Octogyne 118828
Volumineux	151797	gris-rouan	1921	Rata 133599	Omnia 119754
Voluntas	150911	noir-zain	1921	Qotonnu 130216	Hictoria 76545
Voluntatis	151157	gris-clair	1921	Quaduc 129371	Qulasse 130244
Voluptueux	150983	noir	1921	Qotonnu 130216	Lave 98912
Voluptueux	153816	gris	1921	Kourlis 95894	Miss 110931
Volvic	152322	gris-foncé	1921	Receveur 133074	Réception 133067
Volvic	154109	gris	1921	Revoyeur 135788	Journée 87472
Volvic	154912	noir	1921	Quinaud 132720	Lorgnette 104619
Volvulus	152090	gris-foncé	1921	Lumineux 100865	Pépite 124968
Volvulus	154619	noir	1921	Russiol 133133	Quartelette 132499
Volvulus	155049	gris	1921	Rosbif 135493	Rotacée 135501
Vomer	151280	gris	1921	Rognon 135951	Quomète 131975
Vomer	153819	noir	1921	Rosbif 135493	Permine 128030
Vomer	154620	gris	1921	Rouloul 136019	Charlotte 55745
Vomitif	150970	noir	1921	Qotonnu 130216	Montagne 105389
Vomitif	154621	noir	1921	Quornaro 130969	Rude 136072
Vomito	152094	noir	1921	Ruflee 134464	Quaducée 129617
Vomito	153822	gris-foncé	1921	Rosbif 135493	Koussinette 92788
Vomito	154622	noir	1921	Ostabat 123735	Kermesse 97692
Vomitos	151068	gris	1921	Rob 135906	Okerrine 120752
Vondel	152325	gris clair	1921	Réséda 133659	Quarélie 130764
Vondel	154913	bai-br.-z.	1921	Maquis 110284	Ossature 124002

NOM	N°	ROBE	Naissance	PÈRE	MÈRE
Vongle	151295	gris	1921	Qotonnu 130216	Onglée 119122
Vonkluck	151074	bai chât.	1921	Quissac 130271	Orale 120764
Vorace	150546	noir	1921	Receveur 133074	Noblesse 111654
Vorace	150682	gris-foncé	1921	Rata 133599	Place 125302
Vorace	150903	gris	1921	Rata 133599	Castille 75241
Vorace	154624	gris	1921	Robespierre 134346	Notoriété 118018
Vorarlberg	150544	gris	1921	Quesnel 129358	Kigellariée 91664
Voréal	150817	noir	1921	Qokala 129350	Ramette 133587
Voret	150361	gris	1921	Quarteron 128953	Jurée 84887
Vorey	152326	gris-foncé	1921	Nyctalope 113635	Ramée 133705
Vorey	154914	bai-br.-z.	1921	Maquis 110284	Quadrilla 132751
Vorouzoff	150591	gris	1921	Queriquet 129124	Pharmacie 125934
Vortex	151770	gris	1921	Rata 133599	Nacre 114939
Vortex	152095	gris	1921	Raffée 134464	Royale 134025
Vortex	153824	noir	1921	Rosbif 135493	Jaserie 89093
Vortex	154623	noir	1921	Russiot 133133	Hydra 87636
Vosges	150858	gris-foncé	1921	Nyctalope 113635	Coquette 54179
Vosne	153007	gris	1921	Nitrate 111699	Héhétée 73636
Vossius	154111	noir	1921	Quitus 130149	Moisière 107811
Vossius	154915	noir-m.-t.	1921	Nicobar 118452	Margelle 111151
Votant	152100	gris	1921	Rococo 134243	Piaffe 125711
Votant	153825	gris-foncé	1921	Rosbif 135493	Quourbe 132380
Votif	153826	gris-foncé	1921	Kourlis 95894	Mentana 110043
Votif	154625	gris	1921	Ostabat 123735	Quêteuse 132750
Votodontus	150296	gris	1921	Neuilly 112606	Nonure 113910
Vottan	150237	alezan	1921	Rocs 132814	Notice 112421
Vouet	154112	gris-foncé	1921	Mercy 105783	Quolocase 131919
Vougeot	152330	gris-vin.	1921	Nyctalope 113635	Révolution 134630
Vougeot	154114	gris	1921	Nichet 117897	Gachette 70461
Vougeot	154916	gris-foncé	1921	Nicobar 118452	Noteuse 115876
Vougier	152104	gris-vin.	1921	Rongetout 133602	Parieuse 124530
Vougier	153829	gris	1921	Keris 93769	Rouvraie 136036
Vougier	154627	gris	1921	Russiot 133133	Qualinotade 129423
Vougitsaï	150527	gris	1921	Quanivot 130128	Javelle 83697
Vougra	151196	noir	1921	Lougre 100470	Kassation 91032
Vougri	151195	noir	1921	Lougre 100470	Numérale 115940
Vougy	153010	gris	1921	Malplaquet 107143	Presse 126304
Voui	150917	noir	1921	Ramassetout 133573	Quartésienne 131597
Vouillé	153009	gris	1921	Malplaquet 107143	Poulette 125223
Vouletto	150667	noir	1921	Qokala 129350	Narécine 116765
Voulton	153014	noir-zain	1921	Reclus 134371	Irlande 79932
Voulu	151031	noir	1921	Reclus 134371	Pélerine 125328
Voulu	151051	noir	1921	Rouget 134282	Oyante 124128
Vousseau	152106	gris	1921	Péplum 124974	Nonne 118354
V-Vousseau	153831	noir	1921	Polonais 125908	

NOM	N°	ROBE	Naissance	PÈRE	MÈRE
Voussoir	152105	noir	1921	Ops 121242	Pinque 125817
Voussoir	153830	noir-m.-t.	1921	Robespierre 134346	Irène 81827
Vouthry	150505	gris	1921	Pouff 124218	Percée 124980
Vouvereau	150716	gris-foncé	1921	Pampelune 124878	Localité 104649
Vouvray	150855	noir	1921	Quanivot 130128	Picturale 125741
Vouvray	152331	noir	1921	Névrosé 113735	Laverie 100696
Vouvray	152741	noir	1921	Moineau 106576	Quallirhoé 130665
Vouvray	154924	gris-rouan	1921	Quoin 131888	Pirogue 128731
Vouxey	153016	gris-foncé	1921	Pégoud 126957	Martinique 109423
Vouziers	150656	gris-foncé	1921	Qokala 129350	Picrate 125751
Vouziers	153017	gris-foncé	1921	Régisseur 133257	Mariane 109189
Vouziers	154115	gris-foncé	1921	Nérac 112728	Icarie 98309
Vouzon	153018	gris-foncé	1921	Rectorat 135318	Lusine 103448
Vouzy	153020	gris-foncé	1921	Mercy 105783	Quassine 131721
Vovard	150335	noir	1921	Psoriasis 126479	Quassure 129839
Vovéen	150337	noir	1921	Remords 133354	Pavotte 125609
Vovray	153019	noir	1921	Rectorat 135318	Haleine 75346
Voyage	152107	gris-foncé	1921	Nyctalope 113635	Nécrologie 111817
Voyageur	153832	noir	1921	Rosbif 135493	Indonésie 98578
Voyageur	154630	gris	1921	Robespierre 134346	Istalif 82672
Voyant	151334	noir	1921	Rata 133599	Kaluette 92086
Voyant	153833	noir	1921	Rosbif 135493	Libourne 103931
Voyant	154631	gris	1921	Rouloul 136019	Orme 123682
Voyer	152113	noir-zain	1921	Lumineux 100865	Philosophie 125699
Voyer	154632	gris	1921	Russiot 133133	Pluvieuse 128511
Voyou	150804	gris	1921	Qotonnu 130216	Pirogue 125940
Vrac	151293	noir	1921	Fier-à-Bras 65250	Nauplie 113477
Vrac	153836	gris-foncé	1921	Marguillier 107679	Liliane 104028
Vrac	154633	noir	1921	Rossignol 136323	Rugosité 136091
Vrai	153837	gris-fer	1921	Marguillier 107679	Rotule 135510
Vrai	154636	gris	1921	Rubricateur 136066	Plante 128456
Vraiment	154639	noir	1921	Rubricateur 136066	Jocaste 98553
Vraque	151037	gris-foncé	1921	Rectal 135311	Nuaison 112396
Vraque	154260	noir	1921	Quesnel 129358	Sagaffe 138131
Vraux	153025	gris-foncé	1921	Rectal 135311	Hongroise 74007
Vrécourt	153028	noir	1921	Kroquet 91851	Nulle 113589
Vregny	153029	gris-vin.	1921	Rectorat 135318	Narbonne 115978
Vrigny	153033	bai-foncé	1921	Néflier 111919	Lance 103644
Vrille	150969	noir	1921	Qotonnu 130216	Quanicule 130215
Vrillé	154637	gris	1921	Rouloul 136019	Noyale 118053
Vrillier	152120	noir	1921	Receveur 133074	Mysis 107031
Vrillier	153842	gris-foncé	1921	Remonteur 134855	Ourthe 123515
Vrillier	154640	alezan	1921	Rossignol 136323	Rugine 136090
Vrillon	152118	gris	1921	Quasi 128865	Jauer 84967
Vrillon	153843	noir-m.-t.	1921	Rosbif 135493	Noisette 118507
Vrillon	154643	gris	1921	Rossignol 136323	Kapeline 97463

NOM	N°	ROBE	Naissance	PÈRE	MÈRE
Vritz	153034	gris-foncé	1921	Réginon 134292	Quadurcienne 131391
Vrizy	153035	gris-fer	1921	Qualet 131492	Jusquiame 88374
Vrocourt	153036	gris fer	1921	Réginon 134292	Ourdie 120477
Yron	153037	noir	1921	Réginon 134292	Madérette 69095
Vu	151138	noir	1921	Pantin 124190	Onyze 120746
Vuillery	153038	gris-foncé	1921	Réginon 134292	Nive 116422
Vuitry	152332	noir	1921	Ouistreham 120076	Orientation 122031
Vuitry	154116	gris	1921	Mercy 105783	Pendeloque 128128
Vuitry	154930	gris-foncé	1921	Québec 132753	Quinte 132612
Vulbens	153040	noir	1921	Réginon 134292	Rebattue 135249
Vulcain	151081	gris	1921	Reynal 132841	Rimarien 134007
Vulcain	151996	gris-clair	1921	Rafiau 132822	Prune 126459
Vulcain	153538	noir zain	1921	Pégoud 126957	Norine 118707
Vulcain	153854	gris-foncé	1921	Kourlis 95894	Idole 81250
Vulcain	154931	gris-vin.	1921	Québec 132753	Obus 123699
Vulcain	155013	noir-m.-t.	1921	Quitus 130149	Frime 66733
Vulcan	150860	noir	1921	Quanivet 130128	Masse 106301
Vulcanien	152119	gris-foncé	1921	Quasi 128865	Nérite 113887
Vulcanien	153852	gris clair	1921	Kourlis 95894	Nouaille 117445
Vulcanien	154650	noir	1921	Rouloul 136019	Quasimodo 132514
Vulcanisé	152121	noir	1921	Rhin 133506	Mystagogie 107052
Vulgaire	152123	gris-foncé	1921	Pouff 124218	Quédyve 129355
Vulgaire	153901	gris	1921	Neuilly 112606	Kourtine 91357
Vulgaire	154645	gris	1921	Rouloul 136019	Josèphe 98558
Vulgarisateur	152124	noir	1921	Pouff 124218	Quavécu 129904
Vulgo	152128	noir	1921	Psoriasis 126479	Poignaute 125537
Vulgo	153857	noir-m.-t.	1921	Lédon 101823	Grivette 71918
Vulgo	154653	noir	1921	Rouloul 136019	Poilue 128523
Vulnérable	152129	gris	1921	Névrosé 113735	Kamisole 90686
Vulnéraire	151076	gris-ard.	1921	Kagot 92240	Odontalgie 120771
Vulnéraire	152130	noir	1921	Névrosé 113735	Qliquette 129942
Vulnéraire	154656	noir	1921	Rossignol 136323	Ortale 123701
Vulpian	150861	noir	1921	Quanivot 130128	Normande 112075
Vulpian	152000	noir	1921	Rafiau 132822	Ruine 134342
Vulpian	154932	gris-rouan	1921	Raspail 136272	Indécise 82746
Vulpik	151247	gris-foncé	1921	Rata 133599	Roupie 133294
Vulpin	152134	noir	1921	Psoriasis 126479	Pelletrie 125178
Vulpin	153858	gris-tr.-f.	1921	Polygone 125447	Ninette 118589
Vulpin	154658	noir	1921	Rossignol 136323	Poignée 128521
Vultueux	154659	noir	1921	Rossignol 136323	Moutarde 110820
Vulvoz	153041	gris-fer	1921	Réginon 134292	Qurmotte 131308
Vupartout	150992	noir	1921	Qokala 129350	Piqûre 124259
Vurébas	150743	noir	1921	Quanevas 129730	Ouste 121076
Vusogène	150663	gris	1921	Quadne 129371	Rouergue 133541
Vyans	153042	gris-foncé	1921	Qupidon 130054	Norique 116448
Vyt	153043	gris-foncé	1921	Qupidon 130054	Opianique 120481

STUD-BOOK PERCHERON

JUMENTS

STUD-BOOK PERCHERON

JUMENTS

NOM	N°	ROBE	Naissance	PÈRE	MÈRE
Va	152628	bai-marr.	1921	Lougre 100470	Radégonde 135475
Vacance	150622	gris-foncé	1921	Rognon 135951	Quollecte 129112
Vacance	153046	gris-foncé	1921	Réginon 134292	Qu'en-dis-tu 131395
Vacance	153718	gris-clair	1921	Placet 125968	Ottawa 122525
Vacance	154119	grise	1921	Rinceur 135862	Pâlissante 127673
Vacarme	150579	noir-zain	1921	Quesnel 129358	Marmala 106318
Vacation	150328	noire	1921	Quatalpa 129873	Locuste 99651
Vacation	151279	gris-foncé	1921	Prunellier 126460	Italie 78889
Vacation	152621	noire	1921	Marocain 107904	Jurandre 98633
Vacation	153050	noire	1921	Réginon 134292	Limagne 103368
Vacation	153694	gris-foncé	1921	Rapide 134867	Majuscule 110985
Vaccinale	153695	gris-foncé	1921	Quardeur 131237	Malaria 110986
Vaccination	153693	gris-foncé	1921	Rapide 134867	Quadrature 131326
Vaccine	151908	noire	1921	Péplum 124974	Dépêche 63052
Vaccine	153052	gris-foncé	1921	Rectorat 135318	Oudinote 129947
Vaccine	153690	grise	1921	Muet 109445	Rachidienne 134881
Vache	150791	noire	1921	Qotonnu 130216	Prestesse 126245
Vachère	154936	grise	1921	Nicobar 118452	Océanide 124050
Vacheresse	152339	noire	1921	Komplex 91539	Lionne 98766
Vacherie	150782	noire	1921	Qotonnu 130216	Punaise 125122
Vacherie	151039	gris-vin.	1921	Pantin 124490	Odieuse 120009
Vachette	151040	gris-clair	1921	Pantin 124490	Obliquée 120708
Vachette	153053	gris-foncé	1921	Mercy 105783	Quassonade 131724
Vachette	154122	grise	1921	Médisant 105527	Quolonne 131875
Vacillante	151342	gris-foncé	1921	Quadue 129371	Prétention 126262

NOM	N°	ROBE	Naissance	PÈRE	MÈRE
Vacillité	150331	noire	1921	Quatalpa 129873	Nitouche 112054
Vacquerie	152136	grise	1921	Psoriasis 126479	Oisellerie 118887
Vacquerie	153869	noire	1921	Numéro 118563	Orvillette 123712
Vacquerie	154938	grise	1921	Marat 111305	Muscade 111232
Vacqueville	154939	noire	1921	Quoin 131888	Logresse 104389
Vacuité	150342	grise	1921	Quatalpa 129873	Nounou 114126
Vacuité	150780	noire	1921	Qotonnu 130216	Picote 123732
Vacuité	151164	noire	1921	Névrosé 113735	Roze 134770
Vacuité	153054	noire	1921	Mercy 105783	Imitation 83059
Vacuité	153691	gris-tr.-f.	1921	Muet 109445	Majeure 110980
Vacuole	154127	gris-foncé	1921	Qotonnu 130216	Qualité 129986
Vade	150343	noire	1921	Quatalpa 129873	Quastine 129864
Vademanque	150363	grise	1921	Rongetout 133602	Ponette 125599
Vadette	151188	noir zain	1921	Quêteur 129815	Marque 108072
Vadique	151254	noir-zain	1921	Qokala 129350	Riquette 133596
Vadonville	154943	noire	1921	Interprête 80665	Ottava 123959
Vadrouille	150344	grise	1921	Roussin 134466	Novale 114549
Vadrouille	151173	grise	1921	Quasson 131729	Peinture 125295
Vadrouille	151966	grise	1921	Polus 126947	Panure 124425
Vadrouille	153696	gris-clair	1921	Muet 109445	Kairouan 96109
Vadrouille	154129	grise	1921	Poison 125565	Parade 125035
Vadrouillette	151067	noire	1921	Kagot 92240	Origine 120751
Vagabonde	150364	noire	1921	Rongetout 133602	Perrette 125600
Vagabonde	150623	gris-foncé	1921	Marguillier 107679	Jouiza 85925
Vagabonde	151187	noire	1921	Quarteron 128953	Jaffa 85462
Vagabonde	151307	grise	1921	Quaduc 129371	Pâquerette 57423
Vagabonde	151312	noir-zain	1921	Reichs 133996	Quoterie 130589
Vagabonde	152017	gris-clair	1921	Pampelune 124878	Quintinie 128867
Vagabonde	153689	gris-foncé	1921	Quardeur 131237	Nature 117727
Vagie	150500	grise	1921	Pouff 124218	Rechute 133472
Vagina	151092	gris-foncé	1921	Rectal 135311	Navenne 116537
Vaginale	150365	grise	1921	Quarteron 128953	Ile 80947
Vaginale	151127	grise	1921	Rognon 135951	Judith 51730
Vagine	150956	gris-foncé	1921	Kagot 92240	Analyse 62707
Vagine	151201	noire	1921	Pouff 124218	Plumetée 125929
Vaginette	151262	gris-foncé	1921	Pantin 124490	Laque 97853
Vague	150266	grise	1921	Nyctalope 113635	Régine 133495
Vague	150346	alezane	1921	Quatalpa 129873	Sciure 137225
Vague	153060	gris-vin.	1921	Rectal 135311	Ratisbonne 133758
Vague	153697	gris-vin.	1921	Muet 109445	Palestine 126643
Vague	154432	gris-bleu	1921	Nichet 117897	Sentinelle 62750
Vaguerie	151291	grise	1921	Poison 125565	Quiça 129374
Vaguesse	150347	noire	1921	Quatalpa 129873	Mascarille 107301
Vaguesse	154135	grise	1921	Médisant 105527	Hative 77302
Vaguette	152023	noire	1921	Pampelune 124878	Kontrebassé 93621

NOM	N°	ROBE	Naissance	PÈRE	MÈRE
Vaigre	150371	grise	1921	Rohart 134256	Quaverne 129905
Vaigre	153061	noire	1921	Reflux 135348	Pinelle 126565
Vaigre	154136	grise	1921	Régisseur 133613	Osburne 120436
Vaillance	150254	gris-foncé	1921	Mylord 107421	Nirette 111954
Vaillance	150373	grise	1921	Rétiaire 134044	Navarraise 112680
Vaillance	151936	grise	1921	Redoublé 133131	Importation 78751
Vaillance	152349	noire	1921	Komplex 91539	Olivette 121207
Vaillance	153062	gris-clair	1921	Oder 121578	Octavière 121441
Vaillance	153727	noire	1921	Pitaud 128421	Qualifiable 130744
Vaillance	154139	grise	1921	Quasson 131729	Ombrée 123007
Vaillante	150375	grise	1921	Quanevas 129730	Quausse 129891
Vaillante	150512	noire	1921	Rhin 133506	Nichette 111681
Vaillante	151143	noire	1921	Cupidon 130054	Néodaline 117672
Vaillante	151190	grise	1921	Quarteron 128953	Pomponnette 125581
Vaillante	151303	grise	1921	Quaduc 129371	Noirceur 113524
Vaillante	151672	gris-foncé	1921	Rhin 133506	Perse 125356
Vaillante	151975	grise	1921	Komplex 91539	Numalite 113604
Vaillante	152139	noire	1921	Neuilly 112606	Kascade 92545
Vaillante	153063	gris-foncé	1921	Réginon 134292	Obsidienne 131387
Vaillante	153708	gris foncé	1921	Klocher 95657	Laudative 104689
Vaillante	153863	noire	1921	Numéro 118363	Paquerette 55982
Vaillante	154143	noir-m.-t.	1921	Romand 135963	Pétunia 128258
Vaillante	154661	noire	1921	Nectar 118379	Orvale 123705
Vaillantise	150386	noire	1921	Neuilly 112606	Riblette 134146
Vaillantise	152015	grise	1921	Pampelune 124878	Huitaine 73994
Vaillantise	153064	gris fer	1921	Reflux 135438	Perrine 127185
Vaillantise	153688	gris-v.-f.	1921	Quaïman 129648	Palatine 126612
Vaille	150888	gris-foncé	1921	Rata 133599	Langouste 97870
Vaincue	150387	grise	1921	Perturbateur 125648	Quause 129887
Vaincue	153066	noire	1921	Pilon 127251	Quaille 131419
Vaine	150377	grise	1921	Quanevas 129730	Quavité 129907
Vaine	153065	noire	1921	Pilon 127251	Passante 127049
Vaine	153706	grise	1921	Muet 109445	Pairie 127554
Vaine	154145	grise	1921	Quotient 129087	Qladonie 131784
Vaire	154944	noire	1921	Obstructif 120703	Nuitée 118127
Vairée	150388	noire	1921	Nyctalope 113635	Kourgane 89692
Vairée	153068	noire	1921	Quissac 130271	Nariskine 113983
Vairée	154147	gris-foncé	1921	Nichet 117897	Quommande 131982
Vaireuse	151240	noire	1921	Quesnel 129358	Sacrifiée 136973
Vaison	154667	grise	1921	Roulond 136019	Noue 117473
Vaisselle	150246	noir-zain	1921	Ops 121242	Jubilation 88072
Vaisselle	150306	grise	1921	Neuilly 112606	Kolive 90337
Vaisselle	151317	grise	1921	Reichs 133996	Qualville 131490
Vaisselle	153071	gris-foncé	1921	Rob 135906	Katin 94924
Vaisselle	153687	grise	1921	Rapide 134867	Madonne 110976

NOM	N°	ROBE	Naissance	PÈRE	MÈRE
Vaisselle	154149	baie	1921	Médisant 105527	Nycette 117317
Vaissellette	151017	gris-clair	1921	Roes 132814	Nubie 112394
Vaissette	152147	grise	1921	Quaduc 129371	Louve 99088
Vaissette	153864	gris-fer	1921	Numéro 118563	Ophtalmie 123074
Vaissette	154662	noire	1921	Rubricateur 136066	Mortaise 110752
Vaissière	154945	gris-foncé	1921	Russiot 133133	Haltère 97729
Valable	150678	noire	1921	Qokala 129350	Qazie 129666
Valachie	152142	noire	1921	Quarteron 128953	Ouaille 119507
Valachie	153085	noire	1921	Pilon 127251	Ibis 82243
Valachie	153870	grise	1921	Neigeux 112725	Hirondelle 77806
Valachie	154150	noire	1921	Médisant 105527	Omelette 123016
Valachie	154663	grise	1921	Raymond 133714	Rupicole 136105
Valade	154946	alezane	1921	Interprète 80665	Jactelle 88839
Valaurie	154949	noire	1921	Obturant 120130	Routine 136260
Valaze	152148	grise	1921	Quaduc 129374	Louette 99087
Valbelle	154950	gris-vin.	1921	Quoin 131888	Paulette 126371
Valbonne	152028	noire	1921	Komplex 91539	Jaille 86298
Valbonne	154951	grise	1921	Quoin 131888	Quenelle 132712
Valcanville	154952	grise	1921	Maquis 110284	Zama 57403
Valcarès	152137	grise	1921	Rohart 134256	Jaunisse 83849
Valda	152379	noire	1921	Rafiau 132822	Pronation 126378
Valdeblore	154953	gris-rouan	1921	Nénuphar 117675	Ravaude 136283
Valdécie	154955	noire	1921	Nicobar 118452	Ève 96985
Valderies	153872	gris-foncé	1921	Neigeux 112725	Marine 111338
Valdivia	151215	grise	1921	Roes 132814	Lucane 100402
Valdivia	152143	grise	1921	Quarteron 128953	Obédience 118742
Valdivia	153874	gris-foncé	1921	Polonais 125998	Neige 116079
Valdivia	154670	grise	1921	Robespierre 134346	Hôtesse 78303
Valée	151807	grise	1921	Josué 88844	Quolonette 130318
Valée	153875	noire	1921	Ombon 121608	Pite 128418
Valée	154674	noire	1921	Impérator 83461	Lady 101386
Valence	150308	grise	1921	Quatalpa 129873	Quomode 129832
Valence	150829	noire	1921	Qotonnu 130216	Pâquerette 56382
Valence	151808	grise	1921	Roc 132979	Négociation 111613
Valence	152144	noire	1921	Quarteron 128953	Javeline 83712
Valence	152629	noire	1921	Lougre 100470	Rébecca 135478
Valence	153073	gris-foncé	1921	Rob 135906	Laque 103681
Valence	153877	gris-foncé	1921	Neigeux 112725	Marionette 111314
Valence	154151	noir-zain	1921	Médisant 105527	Kennédie 96285
Valence	154260	noire	1921	Remonteur 134855	Peccadille 128049
Valence	154677	grise	1921	Robespierre 134346	Gervaise 72769
Valence	154958	alezane	1921	Quoin 131888	Oméga 124034
Valencette	150830	noire	1921	Qotonnu 130216	Intrépide 78786
Valencia	151810	grise	1921	Josué 88844	Luce 101299
Valencia	153880	noire	1921	Neigeux 112725	Rougeole 135526

NOM	N°	ROBE	Naissance	PÈRE	MÈRE
Valencia	154678	grise	1921	Orchampt 121527	Lingerie 103817
Valenciennes	150312	noire	1921	Quatalpa 129873	Oublieuse 119514
Valenciennes	151809	noire	1921	Roc 132979	Nokasse 111612
Valenciennes	153077	noire	1921	Quissac 130271	Locuste 103430
Valenciennes	154154	grise	1921	Rameur 136245	Liesse 104206
Valenciennes	154680	grise	1921	Roulcul 136019	Neuvième 117880
Valenciennes	154960	gris-foncé	1921	Quoin 131888	Orilla 124033
Valendre	151021	grise	1921	Pantin 124490	Qualendre 131467
Valennes	152480	noire	1921	Kalidun 95297	Mysie 108838
Valensole	151813	noire	1921	Quanivot 130128	Jarne 85521
Valensole	153887	gris-ard.	1921	Polygone 125447	Morelle 111187
Valensole	154682	grise	1921	Quarnot 130722	Vermeille 68992
Valentia	154684	grise	1921	Rubricateur 136066	Jolie 89152
Valentina	153078	noir-zain	1921	Réginon 134292	Récépée 133268
Valentine	150309	grise	1921	Quatalpa 129873	Poire 125560
Valentine	150525	grise	1921	Poulf 124218	Gascogne 71242
Valentine	150736	grise	1921	Nyctalope 113635	Roche 136133
Valentine	150831	gris foncé	1921	Qotonnu 130216	Régale 133779
Valentine	151798	noir-m.-t.	1921	Qotonnu 130216	Économie 61996
Valentine	151814	grise	1921	Roc 132979	Quinola 129309
Valentine	153074	noire	1921	Quissac 130271	Pérélixe 127142
Valentine	153516	gris-foncé	1921	Razia 133345	Pylade 127416
Valentine	153570	gris-foncé	1921	Nocturnal 112023	Pastille 127458
Valentine	153890	noire	1921	Polonais 125998	Parcelle 128676
Valentine	154155	grise	1921	Rameur 136245	Saula 139464
Valentine	154259	noire	1921	Remonteur 134855	Lucrèce 103954
Valentine	154685	grise	1921	Rossignol 136323	Limite 103793
Valentine	154964	gris-rouan	1921	Marquis 110284	Japie 88847
Valentinette	150313	grise	1921	Quatalpa 129873	Immémorée 79782
Valentinite	150390	noir-zain	1921	Rongetout 133602	Rigolade 134150
Valentinite	153080	gris-foncé	1921	Nérac 142728	Kadence 95510
Valère	152344	noire	1921	Komplex 91539	Incivisme 81529
Valergue	152383	noire	1921	Rongetout 133602	Poreuse 126065
Valériane	150391	grise	1921	Neuilly 112606	Quassante 129837
Valeriane	151088	gris-foncé	1921	Rectal 135311	Périnée 125407
Valériane	152027	noire	1921	Pampelune 124878	Noceuse 114762
Valériane	153079	gris-foncé	1921	Réginon 134292	Pétronille 127194
Valériane	153761	gris-foncé	1921	Muet 109445	Paienne 127592
Valériane	154160	grise	1921	Pâton 127979	Rêvasserie 135755
Valérianelle	150393	grise	1921	Neuilly 112606	Pécaire 124773
Valérianelle	153082	noire	1921	Réginon 134292	Pernelle 127196
Valérie	150326	noire	1921	Quatalpa 129873	Schabraque 137200
Valérie	150502	noir zain	1921	Poulf 124218	Noire 112129
Valérie	151817	gris-clair	1921	Quanivot 130128	Farine 68498
Valérie	152024	grise	1921	Péplum 124974	Majeure 105437

NOM	N°	ROBE	Naissance	PÈRE	MÈRE
Valérie	154690	grise	1921	Quarnot 130722	Novatrice 118037
Valérique	150394	grise	1921	Roussin 134466	Fernande 59042
Valérique	153083	noir-zain	1921	Réginon 134292	Recette 135275
Valerme	152385	grise	1921	Rongetout 133602	Ossa 149794
Valeska	151457	grise	1921	Quaduc 129371	Serpentine 137407
Valesville	152386	gris-clair	1921	Pivert 126000	Risette 73371
Valetaille	150395	noire	1921	Psoriasis 126479	Paponnette 125552
Valetaille	153087	gris-foncé	1921	Réginon 134292	Nymphe 115467
Valetaille	153762	gris-foncé	1921	Muet 109445	Cochenille 67964
Valette	150252	grise	1921	Quardiff 130770	Laborieuse 103324
Valette	150752	grise	1921	Quaduc 129371	Ozane 119863
Valette	151142	gris-foncé	1921	Rectal 135311	Qrollerie 130072
Valette	151820	noire	1921	Quanivot 130128	Rigoletta 133770
Valette	152333	bai-brun	1921	Quaron 130724	Odessa 121860
Valette	152387	gris-foncé	1921	Pivert 126000	Oppressive 120876
Valette	153896	grise	1921	Klaro 97235	Jaseuse 89000
Valette	154258	grise	1921	Remonteur 134855	Novalaise 117487
Valette	154688	grise	1921	Rouloul 136019	Narine 114458
Valette	154965	grise	1921	Ravignan 136302	Odyssée 124042
Valeur	150396	grise	1921	Roussin 134466	Novacelle 114545
Valeur	151344	grise	1921	Quaduc 129371	Kandale 91195
Valeur	151760	grise	1921	Rata 133599	Piana 125283
Valeur	153088	noire	1921	Réginon 134292	Nixéville 114250
Valeur	153763	gris-foncé	1921	Placet 125968	Jahel 88719
Valeur	154161	gris-foncé	1921	Keris 93769	Piaffe 128292
Valeureuse	153089	gris-foncé	1921	Pilon 127251	Labesnarderie 103607
Valeureuse	153734	noire	1921	Kourtisan 95905	Halte 76403
Valgorge	151824	grise	1921	Quanivot 130128	Sise 137539
Valgorge	152390	noire	1921	Pivert 126000	Noiraude 113523
Validation	153092	gris-fer	1921	Quahot 131492	Nasarde 116782
Validation	153776	gris-foncé	1921	Rapide 134867	Inde 82428
Valide	153094	gris-foncé	1921	Néflier 111919	Kermadone 95275
Validité	150406	noire	1921	Psoriasis 126479	Révolution 134112
Validité	153095	noire	1921	Néflier 111919	Mouvette 49448
Validité	153743	grise	1921	Obus 121402	Perrette 127176
Valiergue	152393	noire	1921	Pivert 126000	Quonquête 130397
Valinche	152394	gris-tr.-f.	1921	Pivert 126000	Nonse 113538
Valines	152395	noire	1921	Pivert 126000	Kamelote 90680
Valise	150407	grise	1921	Psoriasis 126479	Piloselle 125788
Valise	151119	noir-zain	1921	Fier-à-Bras 65250	Idéologie 81869
Valise	151289	grise	1921	Rata 133599	Inique 79450
Valise	151789	grise	1921	Rongetout 133602	Soporeuse 137638
Valise	151984	noir-zain	1921	Polus 126947	Rachienne 134832
Valise	152018	gris-clair	1921	Polus 126947	Muscadelle 106686
Valise	153099	gris vin.	1921	Rectoral 135318	Obstination 121391

NOM	N°	ROBE	Naissance	PÈRE	MÈRE
Valise	153744	gris-r.-f.	1921	Obus 121402	Quinteuse 129183
Valise	154163	grise	1921	Rinceur 135862	Ibéride 83166
Valisnérie	153101	gris-cl.-v.	1921	Obus 121402	Guillerette 72599
Valizette	150968	grise	1921	Qotonnu 130216	Quannichy 129243
Valjouze	152396	grise	1921	Rohart 134256	Junon 90092
Valkirie	152343	noire	1921	Komplex 91539	Kartouche 91164
Valkyre	150238	grise	1921	Roes 132814	Waltryrie 47125
Valkyrie	150416	noire	1921	Psoriasis 126479	Politesse 125621
Valkyrie	150792	noire	1921	Qotonnu 130216	Qopelle 129994
Valkyrie	153102	gris-foncé	1921	Releveur 135426	Joppe 88537
Valkyrie	154164	grise	1921	Quompromis 132021	Ourche 122740
Valla	152397	grise	1921	Réséda 133659	Reginglette 133238
Valla	154691	baie	1921	Robespierre 134346	Iranienne 83151
Vallace	150931	noire	1921	Qokala 129350	Réquista 133155
Vallaire	152308	noire	1921	Nyctalope 113635	Perpétuelle 125345
Valle	151129	grise	1921	Rognon 135951	Qualle 128813
Valle	151828	noire	1921	Josué 88841	Pipe 125831
Valle	152403	noire	1921	Réséda 133659	Ourse 119841
Vallecalle	152401	grise	1921	Réséda 133659	Lisette 57417
Vallée	150410	grise	1921	Roussin 134466	Ozonométrie 119618
Vallée	151804	baie	1921	Névrosé 113735	Kabylie 89920
Vallée	152405	grise	1921	Rongetout 133602	Laque 100643
Vallée	153106	gris-foncé	1921	Odor 121578	Koulure 95878
Vallée	153714	noire	1921	Qualcin 131447	Jardre 88415
Vallée	154728	gris-clair	1921	Obstructif 120705	Péniche 128751
Vallègue	152406	noire	1921	Nyctalope 113635	Parcimonie 124483
Vallerangue	152408	noire	1921	Redoublé 133131	Quandace 130702
Vallerangue	151830	noire	1921	Quasi 128865	Krevasse 91420
Vallères	152409	noire	1921	Redoublé 133131	Monique 105249
Vallesvilles	152410	grise	1921	Ops 121242	Rame 135086
Vallette	152412	bai-brun	1921	Rendu 134614	Nidine 115308
Valleuse	150411	grise	1921	Roussin 134466	Pousseraie 125616
Valleuse	153408	gris-foncé	1921	Qualot 131492	Obtuse 121400
Vallica	152414	noire	1921	Quadricycle 128838	Boulevardière 64459
Vallière	151832	grise	1921	Quarteron 128953	Ouette 121181
Vallière	153897	gris-tr.-f.	1921	Klaro 97285	Hardie 77829
Vallière	154692	grise	1921	Quarnot 130722	Quérable 132528
Vallière	154994	noire	1921	Néflier 111919	Réaction 136187
Vallières	152417	noire	1921	Polus 126947	Oraie 130641
Valliguières	152419	noire	1921	Péplum 124974	Herpe 78061
Vallombreuse	154693	noire	1921	Robespierre 134346	Salive 139972
Vallonne	152360	grise	1921	Komplex 91539	Jussion 86328
Vallorcine	152420	grise	1921	Pampelune 124878	Labarre 101124
Vallouise	152421	noire	1921	Pampelune 124878	Juliane 66930
Valmanya	152423	noire	1921	Polus 126947	Paume 124744

NOM	N°	ROBE	Naissance	PÈRE	MÈRE
Valmascle	152422	noire	1921	Polus 126947	Rustique 61340
Valmigère	152425	grise	1921	Remisier 133326	Poutrelle 126166
Valogne	154694	grise	1921	Robespierre 134346	Massive 108387
Valognes	151835	noire	1921	Quarteron 128953	Réversion 134097
Valognes	151202	grise	1921	Pouff 124218	Mézière 105832
Valognes	152426	gris-tr.-f.	1921	Redoublé 133131	Qualigula 130661
Valona	151227	grise	1921	Poison 125565	Quaracole 129500
Valonne	152427	noire	1921	Redoublé 133131	Nickléine 114383
Valor	150299	grise	1921	Roussin 134466	Oladone 129908
Valoreille	152428	grise	1921	Roulans 134739	Maltaise 105494
Valouse	152429	gris-clair	1921	Rendu 134614	Divette 62948
Valperga	151836	noire	1921	Quarteron 128953	Milanière 107838
Valperga	154698	noire	1921	Nectar 118379	Mycose 110913
Valprionde	152436	grise	1921	Quadricyle 128838	Haleine 74732
Valsalva	151837	grise	1921	Quarteron 128953	Pipeuse 125839
Valsalva	154702	noire	1921	Impérator 83461	Neva 111490
Valse	150915	grise	1921	Ramoneur 133946	Nappe 111887
Valse	151362	grise	1921	Quanevas 129730	Mourre 106996
Valse	151932	noire	1921	Redoublé 133131	Juliette 86189
Valse	153109	gris fer	1921	Qualot 131492	Midinette 110520
Valse	153787	noire	1921	Qualcin 131447	Qualifiée 132566
Valserres	152443	noire	1921	Moineau 106576	Numilie 118168
Valseuse	150418	baie	1921	Roussin 134466	Orseille 149456
Valseuse	150818	noire	1921	Qokala 129350	Harpe 74354
Valseuse	151668	grise	1921	Quaduc 129371	Soutane 137736
Valseuse	152352	grise	1921	Pampelune 120878	Nouure 114451
Valseuse	153770	grise	1921	Ouvrier 119107	Quoquelourde 132195
Valteline	151140	noire	1921	Pantin 124490	Parme 125467
Valteline	151839	noire	1921	Quarteron 128953	Rigolette 133342
Valteline	153817	gris-tr.-f.	1921	Kourlis 95894	Questorienne 132537
Valteline	154262	gris vin.	1921	Remonteur 134855	Opilation 123082
Valteline	154695	grise	1921	Quarnot 130722	Julie 88844
Valtère	151225	noire	1921	Josué 88841	Julienne 85890
Valva	151118	bai-chât.	1921	Kagot 92240	Ottière 120611
Valve	151014	gris-foncé	1921	Fier-à-Bras 65250	Julienne 86708
Valve	153745	noir-zain	1921	Quaïman 129648	Panachure 127578
Valvère	153549	gris-fer	1921	Nocturnal 112023	Klavette 94554
Valvule	150417	grise	1921	Psoriasis 126479	Laborde 100923
Valvule	153746	grise	1921	Rapide 134867	Narine 117549
Valvulite	153112	noire	1921	Rectorat 135318	Navarque 116833
Vamargot	152019	noire	1921	Pampelune 124878	Quamargue 130679
Vamèle	153104	gris-foncé	1921	Rouget 134282	Galante 71993
Vanadinite	154170	grise	1921	Pâton 127979	Réussie 135745
Vandale	150902	grise	1921	Rata 133599	Gaduine 69900
Vandale	151840	noire	1921	Quarteron 128953	Castille 54393

NOM	N°	ROBE	Naissance	PÈRE	MÈRE
Vandamme	151843	noire	1921	Quanivot 130128	Jaumière 85107
Vande	150686	grise	1921	Péplum 124974	Plaignarde 126954
Vande	153116	gris-foncé	1921	Qualot 131492	Nyssia 116483
Vandelée	152638	noir-zain	1921	Kalot 92507	Quouture 134021
Vandelée	154970	bai	1921	Quoin 131888	Hollandaise 77333
Vandellie	150688	noire	1921	Mylord 107421	Marchandeuse 107436
Vandellie	153118	noire	1921	Pilon 127251	Malandre 107619
Vandellie	154172	grise	1921	Keris 93769	Néantise 116848
Vandenesse	152639	grise	1921	Kalot 92507	Numidie 116474
Vandeuvre	150769	grise	1921	Quaduc 129371	Kassine 92191
Vandière	152645	noir-zain	1921	Kalot 92507	Natte 115614
Vandoise	150689	noire	1921	Mylord 107421	Oreuse 134078
Vandoise	153119	gris-foncé	1921	Réginon 134292	Oedémateuse 120816
Vandoise	154176	noire	1921	Rêvasseur 135749	Jodelle 98258
Vanesse	153120	noire	1921	Réginon 134292	Harassée 74071
Vanesse	154178	noire	1921	Romand 135963	Réparation 135893
Vanette	150994	noire	1921	Pantin 124490	Nubienne 112908
Vanette	151032	grise	1921	Pantin 124490	Obole 120700
Vanette	151920	noir-zain	1921	Rafiau 132822	Jolie 86593
Vangelase	150674	noire	1921	Receveur 133074	Karenne 92709
Vanière	151844	grise	1921	Quanivot 130128	Marcotte 108018
Vanière	153905	noir-m.-t.	1921	Nérac 112728	Neisse 117184
Vanière	154696	grise	1921	Quarnot 130722	Liégeoise 104267
Vanille	150489	noire	1921	Quesnel 129358	Qualamite 129676
Vanille	150672	grise	1921	Receveur 133074	Quantine 129696
Vanille	150811	noire	1921	Qokala 129350	Orientale 120334
Vanille	151710	noire	1921	Rhin 133506	Lenticule 100719
Vanille	152345	noire	1921	Komplex 91539	Quollioure 130858
Vanille	152578	grise	1921	Négligent 112708	Limoise 102198
Vanille	153121	gris-foncé	1921	Qualot 131492	Incontrite 81545
Vanille	153546	grise	1921	Relevant 133297	Pauline 126778
Vanille	153564	gris-foncé	1921	Nocturnal 112023	Otero 122622
Vanillée	151302	grise	1921	Quaduc 129371	Lécluse 100438
Vanité	150693	noire	1921	Moineau 106576	Hermine 98485
Vanité	150859	grise	1921	Quanivot 130128	Recherche 133622
Vanité	151940	noire	1921	Pivert 126000	Galante 72632
Vanité	153125	gris-fer	1921	Qualot 131492	Gentille 72833
Vanité	153769	gris-foncé	1921	Quanman 129648	Série 138986
Vaniteuse	151963	grise	1921	Redoublé 133131	Lisette 98773
Vaniteuse	153759	noire	1921	Rapide 134867	Nielle 117801
Vanne	150980	gris-foncé	1921	Qokala 129350	Salicylique 136662
Vanne	151174	grise	1921	Rectal 135311	Oprimée 120968
Vanne	151729	gris-foncé	1921	Fier-à-Bras 65250	Quédelée 130588
Vanne	151845	noire	1921	Quanivot 130128	Ratisbonne 136571
Vanne	153126	gris foncé	1921	Qualot 131492	Hache 75375

NOM	N°	ROBE	NAISSANCE	PÈRE	MÈRE
Vanne	153741	gris-foncé	1921	Qualein 131447	Quouture 132191
Vanne	153907	gris-foncé	1921	Nichet 117897	Hinique 76687
Vanne	154181	grise	1921	Kéris 93769	Occupante 122838
Vanne	154703	noire	1921	Raymond 133714	Politesse 128555
Vannerie	150697	noire	1921	Ops 121242	Raquette 134977
Vannerie	152878	noire	1921	Juvénal 83553	Nainville 116496
Vannerie	153751	noire	1921	Radeau 134903	Obstinée 122553
Vannerie	154182	noire	1921	Quitus 130149	Narce 117350
Vannes	152647	noire	1921	Ops 121242	Mestée 109360
Vannes	154975	gris-foncé	1921	Quoin 131888	Quinte 131942
Vannette	153130	gris-foncé	1921	Néflier 111919	Qualédonienne 131462
Vannette	153752	gris-foncé	1921	Radeau 134903	Nomade 116068
Vannette	154185	noire	1921	Quompromis 132024	Obésité 122780
Vanoise	152643	grise	1921	Ops 121242	Loquette 99876
Vanoise	154976	gris-foncé	1921	Interprète 80665	Pelure 127737
Vanotte	151226	grise	1921	Josué 88841	Kanotte 91654
Vantarde	150700	grise	1921	Pampelune 124878	Lésineuse 103097
Vantarde	151390	noire	1921	Oroisy 130286	Chloé 67840
Vantarde	153133	noire	1921	Néflier 111919	Rangée 132910
Vantarde	154186	grise	1921	Quompromis 132021	Passerose 127912
Vantardise	151909	gris-cl.-v.	1921	Quaïman 129648	Némésis 117783
Vanterie	150701	noire	1921	Pampelune 124878	Nichée 142837
Vanves	151846	baie	1921	Quarteron 128953	Ecrine 68481
Vanves	152648	gris-foncé	1921	Kalot 92507	Nuptiale 115955
Vanves	153908	grise	1921	Mercy 105783	Réticence 135700
Vanville	152649	noire	1921	Ops 121242	Nanie 118558
Vanville	154978	gris foncé	1921	Marat 111305	Nantaise 118122
Vaopuy	150354	noire	1921	Quaillou 129642	Lactose 100454
Vapeur	150421	noire	1921	Psoriasis 126479	Macta 107065
Vapeur	151358	grise	1921	Quanevas 129730	Naville 111978
Vapeur	153676	grise	1921	Muet 109445	Normalienne 117706
Vapeur	154187	grise	1921	Quompromis 132021	Quomprise 132015
Vaporée	151116	noire	1921	Quissac 130271	Kératocèle 97673
Vaporeuse	153135	gris-foncé	1921	Qualot 131492	Jaen 85556
Vaporeuse	153735	alezane	1921	Odieux 121492	Jongleuse 88677
Vaque	150932	grise	1921	Rata 133599	Muflée 105894
Vaqueresse	152650	grise	1921	Pampelune 124878	Nouba 114088
Vaquerie	152654	noire	1921	Ops 121242	Kaboche 92446
Vaquette	151283	grise	1921	Rognon 135951	Quirelle 129980
Vaquière	152654	grise	1921	Ops 121242	Palmyre 126934
Varade	151852	noire	1921	Josué 88841	Outrée 121091
Varades	152665	gris-foncé	1921	Kalot 92507	Réflexion 133487
Varades	153911	grise	1921	Nichet 117897	Peccante 128053
Varades	154704	grise	1921	Rubricateur 136066	Judith 93536
Varage	152657	gris clair	1921	Ops 121242	Ombrie 119946

NOM	N°	ROBE	NAISSANCE	PÈRE	MÈRE
Varaigne	150423	baie	1921	Roussin 134466	Jéda 83869
Varaigne	152659	noire	1921	Kalot 92307	Rose 63275
Varaigne	154191	noir-zain	1921	Keris 93769	Jacasse 98246
Varaire	152658	noire	1921	Ops 121242	Larme 101417
Varan	154192	gris-foncé	1921	Rinceur 135862	Nazelle 117369
Varangue	150424	grise	1921	Roussin 134466	Quasseuse 129851
Varangue	154194	noir-zain	1921	Rinceur 135862	Quomporte 132019
Vare	151221	grise	1921	Pouff 124218	Rave 133632
Varègue	151853	grise	1921	Josué 88841	Potée 126103
Varègues	153912	alez.-amb.	1921	Mercy 105783	Moustache 57519
Varègues	154705	noire	1921	Rubricateur 136066	Raillerie 136181
Varenne	151191	noire	1921	Quarteron 128953	Languette 99294
Varenne	152026	grise	1921	Péplum 124974	Nasale 112814
Varenne	152668	gris-clair	1921	Ops 121242	Quosne 130990
Varenne	153914	gris-foncé	1921	Nichet 117897	Pagayeuse 127622
Varenne	154706	noire	1921	Russiot 133133	Querelle 132620
Varennes	151855	noire	1921	Josué 88841	Pouponnette 125075
Vareque	151045	grise	1921	Quissac 130271	Pioche 125318
Varèse	151859	noir-zain	1921	Josué 88841	Nausée 114672
Varèse	153916	grise	1921	Nichet 117897	Maïolique 110180
Varèse	154708	noire	1921	Russiot 133133	Kabylie 97306
Varesne	152672	noire	1921	Ops 121242	Nymphe 145502
Varessia	152670	noire	1921	Ops 121242	Hôteporte 97063
Vareuse	150425	baie	1921	Roussin 134466	Malice 61968
Vareuse	150568	gris-foncé	1921	Pouff 124218	Kaliberda 89943
Vareuse	151573	gris-foncé	1921	Nyctalope 113635	Indépendante 80475
Vareuse	153583	gris-clair	1921	Pégoud 126957	Nigra 116284
Vareuse	153739	gris-l.-v.	1921	Odieux 121492	Opulente 122538
Vareuse	154195	noir-m.-t.	1921	Rinceur 135862	Onde 123896
Vargue	150426	baie	1921	Roussin 134466	Lisière 100771
Vargue	154198	grise	1921	Quotient 129087	Pâquerette 127203
Varia	152949	noire	1921	Quasi 128865	Hélène 74199
Variabilité	153748	noire	1921	Odieux 121492	Latomie 104299
Variable	150779	noire	1921	Qokala 129350	Pamée 124250
Variante	150317	grise	1921	Quatalpa 129873	Nuelle 114566
Variante	150431	noire	1921	Psoriasis 126479	Laguénière 99983
Variante	150510	grise	1921	Pouff 124218	Pareille 127811
Variante	151061	noire	1921	Quissac 130271	Margot 107911
Variante	152620	noire	1921	Marocain 107904	Nasalité 111939
Variante	153137	gris-foncé	1921	Reynal 132841	Manne 108293
Variante	153747	gris-clair	1921	Radeau 134903	Quoille 131883
Variante	154199	gris-foncé	1921	Rêvasseur 135749	Midouze 105494
Variation	150316	noire	1921	Quatalpa 129873	Gargouille 66861
Variation	151860	noire	1921	Josué 88841	Roumélie 134003
Variation	153140	noir-zain	1921	Reynal 132841	

NOM	N°	ROBE	Naissance	PÈRE	MÈRE
Variation	153699	gris-foncé	1921	Rorqual 135998	Nacelle 117739
Variation	153917	grise	1921	Nichet 117897	Nonne 117278
Variation	155014	grise	1921	Rouloul 136019	Persienne 128644
Varice	150434	grise	1921	Roussin 134466	Risée 134184
Varice	150990	gris foncé	1921	Qotonnu 130216	Nourriture 112435
Varice	151050	baie	1921	Rocs 132814	Cigarette 66617
Varice	151696	grise	1921	Rétiaire 134044	Langouste 100634
Varice	153700	noire	1921	Rapide 134867	Ombrageuse 122505
Varice	154200	gris-bleu	1921	Rêvasseur 135749	Pastorale 127932
Varicelle	150436	noire	1921	Quatalpa 129873	Merluche 107769
Varicelle	153765	noire	1921	Quaïman 129648	Liberté 104285
Varicelle	154201	grise	1921	Pâton 127979	Patagonne 127938
Varie	151553	noir-zain	1921	Rongetout 133602	Monition 106890
Variée	150318	grise	1921	Quatalpa 129873	Scala 137181
Variée	150438	noir-zain	1921	Neuilly 112606	Lécluse 100955
Variété	150315	noire	1921	Quatalpa 129873	Lisse 100309
Variété	151353	grise	1921	Rongetout 133602	Paulette 65143
Variété	153766	noire	1921	Quaïman 129648	Nichie 117811
Variété	154204	grise	1921	Rêvasseur 135749	Opiniâtreté 123087
Varilhe	151862	noire	1921	Quarteron 128953	Ocana 124197
Varilhe	153921	grise	1921	Nichet 117897	Pagination 127628
Varilhes	152673	noire	1921	Ops 121242	Oupille 122148
Varilhes	154717	noire	1921	Quoiffeur 130263	Nicha 118651
Variole	150440	noire	1921	Quatalpa 129873	Risette 134186
Variole	150706	gris-rouan	1921	Rectal 135311	Radiante 132810
Variole	153782	grise	1921	Importun 80576	Obésance 121913
Variole	154205	grise	1921	Quotient 129087	Quafetière 131402
Variolée	151002	grise	1921	Rectal 135311	Ondalique 120543
Varise	151019	grise	1921	Rocs 132814	Kotone 92760
Varize	150173	noire	1921	Ravignan 133713	Nécessiteuse 112693
Varize	152676	grise	1921	Ops 121242	Pipette 126948
Varlope	150441	noire	1921	Quatalpa 129873	Juive 84960
Varlope	150646	noire	1921	Receveur 133074	Nieppe 114227
Varlope	151755	grise	1921	Névrosé 113735	Rubrique 133966
Varlope	153783	gris-clair	1921	Importun 80576	Mélusine 114059
Varlope	154208	gris-foncé	1921	Revoyeur 135788	Linière 104496
Varna	151455	grise	1921	Pantin 124490	Laqueuse 100657
Varna	153922	gris-foncé	1921	Nichet 117897	Novatrice 117070
Varna	154712	grise	1921	Robespierre 134346	Piraterie 128401
Varnéville	152678	noire	1921	Moineau 106576	Kivala 95221
Varogne	152679	noir-zain	1921	Kalot 92507	Quapeluche 130755
Varole	151864	noire	1921	Quanivot 130128	Planure 125857
Varole	153923	baie	1921	Nichet 117897	Orge 122669
Varole	154713	noir-zain	1921	Impérator 83461	Névralgie 117883
Varoustière	150868	bai-chât.	1921	Quesnel 129358	Laroustière 100852

NOM	N°	ROBE	Naissance	PÈRE	MÈRE
Varouville	152680	grise	1921	Moineau 106576	Fauvette 59914
Varre	150442	grise	1921	Quatalpa 129873	Osmanie 119787
Varre	153148	gris-foncé	1921	Rectal 135311	Philiste 127224
Varre	154209	grise	1921	Quasson 131729	Moquette 104827
Varsoviana	153150	gris-foncé	1921	Reynal 132841	Oronte 120647
Varsoviana	154210	grise	1921	Pàton 127979	Sallertaine 139374
Varsovie	150832	noire	1921	Qotonnu 130216	Piqûre 125231
Varsovie	151194	grise	1921	Quasi 128865	Lise 100783
Varsovie	154865	noire	1921	Quanivot 130128	Kaphite 90357
Varsovie	153924	gris-foncé	1921	Nichet 117897	Origine 122674
Varsovie	154736	grise	1921	Russiot 135133	Salubre 140057
Varsovienne	150443	grise	1921	Quatalpa 129873	Oxymétrie 123340
Varsovienne	153153	baie	1921	Obus 121402	Parménide 127013
Vartine	152357	alezane	1921	Komplex 91539	Estelle 90088
Yarvanne	152681	gris-clair	1921	Pégoud 126957	Quabrioleuse 131347
Vasarde	150449	noire	1921	Quatalpa 129873	Kocasse 92608
Vasarde	154211	gris-foncé	1921	Rêvasseur 135749	Kobla 96767
Vascotte	151203	noir-zain	1921	Pouff 124218	Klopette 104754
Vase	150450	grise	1921	Quatalpa 129873	Océanide 119628
Vaseline	150451	grise	1921	Psoriasis 126479	Panacée 125568
Vaseline	150950	gris-foncé	1921	Pantin 124490	Quarantaine 130006
Vaseline	153160	gris-fer	1921	Reynal 132841	Quiroga 130302
Vaseline	153904	noir-zain	1921	Marsin 109642	Pagerie 127813
Vaseline	154212	grise	1921	Rinceur 135862	Rosalie 64583
Vaseuse	150452	noir-zain	1921	Psoriasis 126479	Loge 101217
Vaseuse	150725	noire	1921	Polus 126947	Koquine 91826
Vaseuse	154213	grise	1921	Rêvasseur 135749	Pastourelle 127935
Vasière	150444	noire	1921	Quatalpa 129873	Muflette 105292
Vasière	153154	noire	1921	Reynal 132841	Margot 49524
Vasque	150463	grise	1921	Quasi 128865	Mime 107855
Vasque	153161	noire	1921	Pantin 124490	Lingette 100738
Vasque	153702	gris-fer	1921	Radeau 134903	Immanence 82540
Vasque	154214	gris-bleu	1921	Rêvasseur 135749	Italienne 79322
Vasque	154218	gris-foncé	1921	Quitus 130149	Ramel 133242
Vassagne	152687	noire	1921	Pampelune 124878	Ouvrée 122180
Vassale	152014	grise	1921	Pampelune 124878	Narcéine 112799
Vassale	153164	noire	1921	Quissac 150271	Octavonne 121477
Vasselone	151230	gris-fer	1921	Reclus 134371	Quorlaye 129099
Vassilia	150852	gris-fer	1921	Rognon 135951	Pianiste 125718
Vassive	153172	noire	1921	Rob 135906	Oblation 122788
Vassole	150474	grise	1921	Quatalpa 129873	Nabothe 114576
Vassole	153903	noir-m.-t.	1921	Qupidon 130054	Mytilène 110104
Vassole	154219	gris-foncé	1921	Quompromis 132021	Orcanète 123126
Vassonville	152689	noire	1921	Pampelune 124878	Lauracée 99809
Vassy	154738	grise	1921	Quarnot 130722	Quenelle 132323

NOM	N°	ROBE	Naissance	PÈRE	MÈRE
Vasteville	152690	noire	1921	Pampelune 124878	Opérette 57678
Vastrie	152691	noire	1921	Kalot 92507	Oxydable 122189
Vasyvoir	152183	gris-foncé	1921	Quirat 128885	Ollière 119888
Vatelle	151869	noir-zain	1921	Quanivot 130128	Océanie 121200
Vatelle	154737	grise	1921	Quarnot 130722	Rugueuse 134494
Vaten	150906	grise	1921	Rata 133599	Idalie 80919
Vatierville	152692	gris-clair	1921	Pégoud 126957	Noyellette 115517
Vaticane	150465	noire	1921	Quêteur 129815	Larchage 101025
Vaticane	151926	grise	1921	Polus 126947	Ourlis 120337
Vaticane	155012	noire	1921	Rectal 135311	Nigrine 116952
Vatte	150836	grise	1921	Roland 133948	Manne 105601
Vatte	150887	grise	1921	Rata 133599	Notre 112308
Vatteville	151870	noire	1921	Quarteron 128953	Jaca 86141
Vatteville	152693	noire	1921	Pégoud 126957	Quourpière 131016
Vatteville	153927	grise	1921	Nérac 112728	Quatalyse 131740
Vatteville	154739	grise	1921	Ravignan 136302	Orpheline 123800
Vatteville	154984	gris-foncé	1921	Quaïman 129648	Nervure 117835
Vattine	151270	gris-foncé	1921	Pantin 124490	Quafetière 130064
Vaucelles	152694	grise	1921	Ops 121242	Inique 80509
Vauche	152695	grise	1921	Pégoud 126957	Ozonée 122206
Vauchelles	152696	grise	1921	Kalot 92507	Kroute 92294
Vauchérie	150467	baie	1921	Prorata 126402	Jézabel 86169
Vaucherie	150966	grise	1921	Poison 125565	Odessa 120624
Vaucherie	154222	noir-rub.	1921	Quompromis 132021	Rhétienne 135799
Vauciennes	152697	gris-foncé	1921	Kalot 92507	Négresse 115519
Vaucluse	151873	gris-foncé	1921	Quarteron 128953	Sarcasme 136477
Vaucluse	152699	grise	1921	Kalot 92507	Mélia 109377
Vaucluse	153928	grise	1921	Nérac 112728	Kandide 89952
Vaucluse	154742	gris-f.-r.	1921	Néflier 111919	Bagatelle 51160
Vaucluse	154985	gris-foncé	1921	Rapide 134867	Nouvelle 118205
Vauclusotte	152701	noire	1921	Kalot 92507	Niherne 116622
Vaucogne	152702	gris-foncé	1921	Kalot 92507	Nine 116406
Vaucotte	152703	noire	1921	Kalot 92507	Nettelé 144379
Vaucouleurs	151879	grise	1921	Roc 132979	Suzon 67301
Vaude	153932	grise	1921	Quompromis 132021	Quatin 131745
Vaudeloge	152705	noire	1921	Pégoud 126957	Quourlande 131013
Vaudes	152706	noire	1921	Pégoud 126957	Judée 87924
Vaudeville	150478	grise	1921	Quasi 128865	Sentine 137343
Vaudeville	152710	gris-tr.-cl.	1921	Pampelune 124878	Manturna 107501
Vaudeville	154987	grise	1921	Nénuphar 117675	Kavalette 97293
Vaudinière	151943	noire	1921	Redoublé 133131	Râblure 134818
Vaudoise	150470	grise	1921	Névrosé 113735	Papule 125488
Vaudreuille	152711	grise	1921	Pampelune 124878	Konstance 91997
Vaudreuille	154988	gris-f.-r.	1921	Nénuphar 117675	Pépinière 128587
Vaudreville	152714	gris-foncé	1921	Pampelune 124878	Oublie 122139

NOM	N°	ROBE	Naissance	PÈRE	MÈRE
Vaufranche	152715	noire	1921	Moineau 106576	Roquille 91267
Vaugelas	151876	grise	1921	Quanivot 130128	Quonerête 130362
Vaugine	152722	grise	1921	Pampelune 124878	Nicole 115413
Vaulabelle	151875	noire	1921	Quarteron 128953	Iode 78927
Vaulabelle	153936	grise	1921	Mercy 105783	Nuageuse 117083
Vaulabelle	154743	grise	1921	Néflier 111919	Renoncule 136157
Vaumoise	152724	grise	1921	Quardiff 130770	Quiésérite 129578
Vaunoise	152726	gris-clair	1921	Pampelune 124878	Renardière 133119
Vaunoise	154252	noir-rub.	1921	Remonteur 134855	Coquette 57085
Vaunoise	154989	gris-fer	1921	Quarnot 130722	Orangère 123730
Vaupalière	152728	gris-foncé	1921	Pampelune 124878	Gouvernante 73083
Vaureilles	152730	noire	1921	Kalot 92507	Rablée 133494
Vaurienne	150472	noir-zain	1921	Quatalpa 129873	Quanule 129697
Vautorte	152738	noire	1921	Ops 121242	Junilia 88035
Vauvenargue	151878	noire	1921	Quanivot 130128	Guignette 71504
Vauvenargue	152742	noire	1921	Pampelune 124878	Proie 126355
Vauville	152739	gris-clair	1921	Pégond 126957	Sessile 138436
Vauville	154990	bai-brun	1921	Nicobar 118452	Henriotte 78189
Vavassorie	150473	noire	1921	Quatalpa 129873	Rivière 134210
Vavine	151288	grise	1921	Poison 125565	Normande 112500
Vavitte	150979	grise	1921	Qokala 129350	Odine 120657
Vavrette	152455	noire	1921	Juste 85878	Kalmie 95356
Vavrette	154991	noire	1921	Nicobar 118452	Huguenotte 87620
Vaxainville	152445	noire	1921	Kalidun 95297	Horreur 74453
Vayres	152446	noir-zain	1921	Kalidun 95297	Léda 102009
Vazeilles	152449	noire	1921	Juste 85878	Quadrature 131883
Vazeilles	154993	noire	1921	Quinaud 132720	Karia 96687
Vazie	150235	grise	1921	Poison 125565	Rivale 132765
Vazine	151282	grise	1921	Rognon 135951	Qualêche 129677
Veauce	152451	grise	1921	Ouleux 121183	Pataugeuse 127021
Veauche	152457	noir-zain	1921	Mordicant 110698	Judith 86861
Veauchette	152458	noire	1921	Ouleux 121183	Louisette 104682
Veaugues	152459	noire	1921	Kalidun 95297	Libourne 102171
Veaunes	152461	grise	1921	Quaron 130724	Oxalide 121858
Veauville	152462	noire	1921	Ouleux 121183	Némorale 112155
Vèbre	152464	grise	1921	Mordicant 110698	Paulhe 126684
Vecqueville	152465	noir-zain	1921	Pilon 127251	Orcanète 121986
Vécue	150466	noire	1921	Quasi 128865	Quocotte 130174
Véda	150358	grise	1921	Quanevas 129730	Lourdisse 100837
Védasse	150479	grise	1921	Quasi 128865	Olette 119698
Védasse	153176	gris-foncé	1921	Néflier 111919	Conchita 67918
Védasse	154226	gris-foncé	1921	Mercy 105783	Quondrelle 132047
Vedène	152466	noire	1921	Pilon 127251	Kabak 94146
Vedène	154995	noire	1921	Maquis 110284	Rayure 136188
Vedette	150319	noire	1921	Quêteur 129815	Marne 108060

NOM	N°	ROBE	Naissance	PÈRE	MÈRE
Vedette	150481	noire	1921	Quasi 128865	Giletière 70112
Vedette	150933	gris-foncé	1921	Rata 133599	Olette 120591
Vedette	151166	grise	1921	Pantin 124490	Miellée 106542
Vedette	151951	grise	1921	Rafiau 132822	Niaiserie 114408
Vedette	153177	noire	1921	Qualvados 131498	Orfraye 119429
Vedette	153519	gris-vin.	1921	Polonais 125998	Niquette 118613
Vedette	153569	gris foncé	1921	Nocturnal 112023	Jaspure 89431
Vedette	153774	noire	1921	Qualein 131447	Patience 127479
Vedette	154227	grise	1921	Keris 73769	Orange 123101
Védique	150483	noire	1921	Quatalpa 129873	Reviseur 134103
Védrines	151922	baie	1921	Rafiau 132822	Nette 114373
Védrines	152467	gris-rouan	1921	Nitrate 111699	Numance 115158
Véga	150298	noir-zain	1921	Psoriasis 126479	Ostéalgie 119494
Véga	150468	noir-zain	1921	Prorata 126402	Lamousse 100986
Véga	151924	noire	1921	Komplex 91539	Hermine 81759
Végèce	151881	noire	1921	Roc 132979	Paresse 127825
Végèce	153937	gris-foncé	1921	Quitus 130149	Ismaïl 82119
Végèce	154744	grise	1921	Néflier 144919	Fleurie 68336
Vegennes	152470	noir-zain	1921	Juste 85878	Nampcelle 115198
Végétale	150486	noire	1921	Quasi 128865	Olariette 119692
Végétale	153181	rouanne	1921	Rectal 135311	Rhétorique 134300
Végétale	154228	noire	1921	Keris 93769	Ivoire 83111
Végétation	153786	gris-tr.-f.	1921	Rapide 134867	Légion 104301
Véhémence	150487	grise	1921	Quêteur 129815	Senteur 137338
Véhémence	153182	gris-foncé	1921	Rectal 135311	Quabriole 131346
Véhémence	153781	grise	1921	Radeau 134903	Neptunienne 116904
Véhémence	154229	gris-foncé	1921	Keris 93769	Pastoure 127933
Véhémente	153184	gris-foncé	1921	Rectorat 135318	Phase 125021
Vehme	151883	grise	1921	Roc 132979	Quondition 130366
Vehme	153938	noire	1921	Nérac 112728	Messénie 108475
Véienne	153189	noire	1921	Néflier 111919	Lisette 98374
Veilhes	152471	grise	1921	Nitrate 111699	Marseillaise 108375
Veille	150491	grise	1921	Qotonnu 130216	Lamine 97878
Veille	153185	grise	1921	Rectorat 135318	Martha 106080
Veille	153716	gris-foncé	1921	Rabelais 134913	Questionneuse 131642
Veille	154230	grise	1921	Keris 93769	Quonductrice 132051
Veillée	151168	noire	1921	Reynal 132841	Oreillette 149935
Veillée	153186	grise	1921	Rectorat 135318	Laponne 100278
Veillée	153712	noire	1921	Kourtisan 95905	Mainforte 110989
Veilleuse	150494	grise	1921	Qotonnu 130216	Grenade 70690
Veilleuse	151925	noire	1921	Komplex 91539	Latine 99602
Veilleuse	153187	noir-zain	1921	Néflier 114919	Odeur 121493
Veilleuse	153713	gris-rouan	1921	Quointro 132604	Ophélie 122507
Veilleuse	154231	grise	1921	Rinceur 135862	Oraison 123405
Veinarde	151218	grise	1921	Quasi 128865	Quoda 130176

NOM	N°	ROBE	Naissance	PÈRE	MÈRE
Veinarde	151711	noire	1921	Rhin 133506	Inverse 80588
Veinarde	153188	noir-zain	1921	Néflier 111919	Karotide 94872
Veinarde	155016	grise	1921	Mylord 107421	Serrure 137421
Veine	150492	grise	1921	Ramassetout 133573	Rosa-Bonheur 133462
Veine	150884	gris-fer	1921	Pantin 124490	Notule 112428
Veine	150977	noire	1921	Qokala 129350	Inde 80469
Veine	151233	gris-foncé	1921	Qotomm 130216	Quartouche 129330
Veine	153191	noire	1921	Rectorat 135318	Ivraie 80268
Veine	153704	noire	1921	Muet 109445	Kavaïne 96072
Veine	154237	gris-foncé	1921	Keris 93769	Nieulle 117419
Veinée	150508	grise	1921	Pouff 124218	Matharine 103572
Veineuse	153192	gris-foncé	1921	Rectorat 135318	Pirna 127258
Veineuse	154238	gris-foncé	1921	Keris 93769	Ohrida 123387
Veinule	150960	gris-foncé	1921	Pantin 124490	Houchi 76069
Veinule	153195	gris-foncé	1921	Néflier 111919	Ornes 121494
Veinule	153732	gris-foncé	1921	Klocher 95657	Mairesse 111098
Veinule	154241	grise	1921	Keris 93769	Patoiserie 127978
Veissière	152476	noir-zain	1921	Ouleux 121183	Omoplate 123022
Velaine	152477	noire	1921	Juste 85878	Rayée 135071
Velaine	154996	gris-foncé	1921	Mélo 108236	Pistole 128562
Velanne	152479	noir-zain	1921	Ouleux 121183	Gertrude 71997
Velche	150714	noire	1921	Roc 132979	Gamine 49970
Velche	153198	gris-vin.	1921	Rectal 135311	Corvée 69128
Velie	150362	grise	1921	Rongetout 133602	Pimpante 125798
Véline	151884	grise	1921	Roc 132979	Jenny 86137
Véline	153939	noir-zain	1921	Quitus 130149	Lannie 87640
Velines	150670	noire	1921	Quaduc 129371	Magnésie 105614
Vélines	152481	noire	1921	Ouleux 121183	Névrite 112194
Vélines	154746	grise	1921	Quinaud 132720	Raquette 136150
Vélines	154997	bai-brun	1921	Mélo 108236	Oursine 123772
Velinette	151049	gris-foncé	1921	Pantin 124490	Katira 92228
Velinotte	150826	grise	1921	Roland 133948	Leserie 102815
Vélique	153199	gris-foncé	1921	Néflier 111919	Qnourcelle 131056
Vélite	150717	noire	1921	Pampelune 124878	Olivette 120590
Vélite	153201	grise	1921	Rectorat 135318	Numation 113950
Velle	151200	noire	1921	Pouff 124218	Gastralgie 69876
Velle	152482	gris foncé	1921	Ouleux 121183	Kambrésine 94012
Vellêches	152484	baie	1921	Ouleux 121183	Mina 78510
Velleclaire	152485	noir-zain	1921	Ouleux 121183	Ica 82420
Velleclaire	154998	gris-foncé	1921	Quinaud 132720	Mongolie 111172
Velléda	150823	grise	1921	Ramassetout 133573	Redoutée 133591
Velléda	151343	grise	1921	Rhin 133506	Revanche 134650
Velléda	151370	grise	1921	Quaduc 129371	Opposite 119125
Velléda	151886	noire	1921	Roc 132979	Opprimée 119347
Velléda	153940	gris-foncé	1921	Quitus 130149	Oréade 123411

NOM	N°	ROBE	Naissance	PÈRE	MÈRE
Velléda	154747	grise	1921	Maquis 110284	Liesse 104314
Vellefrie	152486	noire	1921	Ouleux 121483	Polhefigue 126700
Velléité	153202	noire	1921	Rectorat 133318	Mistress 110934
Velléité	153684	gris-foncé	1921	Quaïman 129648	Harmonie 78284
Velléité	154242	grise	1921	Keris 93769	Pairesse 128648
Vellennes	152487	noire	1921	Refrain 133788	Pécorade 126694
Velly	150657	gris-foncé	1921	Quaduc 129371	Marelle 105612
Velma	150359	grise	1921	Quanevas 129730	Masseuse 108107
Velmanya	152495	grise	1921	Ouleux 121483	Polka 126388
Vélocité	150721	noire	1921	Kalot 92507	Lunatique 99957
Vélocité	153209	noir-zain	1921	Néflier 111919	Haine 75343
Vélocité	153710	grise	1921	Radeau 134903	Patère 127557
Vélocité	154243	grise	1921	Keris 93769	Face 67704
Velone	152498	grise	1921	Ouleux 121483	Pâquerette 126708
Velote	152499	noire	1921	Kalidin 95297	Biche 53591
Veloutée	150293	grise	1921	Quanevas 129730	Nonne 112032
Veloutée	150616	gris-foncé	1921	Ramoneur 133946	Spontanée 137790
Veloutée	153210	gris-fer	1921	Obus 121402	Quaducée 134389
Veloutée	154246	grise	1921	Pâton 127979	Sérénade 47946
Velouteuse	153212	noire	1921	Rob 133906	Nacelle 117093
Veloutine	150617	grise	1921	Ramoneur 133946	Ruth 133307
Veloutine	150723	gris-clair	1921	Pampelune 124878	Bleue 49492
Veloutine	151506	grise	1921	Rhin 133506	Rosette 50349
Veloutine	151928	noire	1921	Komplex 91539	Pimpante 68047
Veloutine	153213	gris-foncé	1921	Konstat 95797	Malaise 109792
Veloutine	154247	grise	1921	Rêvasseur 135749	Orcanette 123124
Velte	153214	noire	1921	Réginon 134292	Palle 126373
Velte	154248	gris-foncé	1921	Rêvasseur 135749	Mappemonde 110279
Velue	151274	grise	1921	Rognon 135951	Pendule 125492
Velue	151684	grise	1921	Rhin 133506	Kansarde 91096
Velue	153219	gris-fer	1921	Rouget 134282	Reculée 135328
Velure	151268	grise	1921	Pantin 124490	Orfraie 120691
Velvantine	153220	gris foncé	1921	Rouget 134282	Quamérière 131515
Velvantine	154250	noire	1921	Pâton 127979	Ninville 117424
Velverette	154249	grise	1921	Pâton 127979	Hevée 77717
Velvote	150730	noire	1921	Receveur 133074	Pesante 124771
Velvote	153225	gris-vin.	1921	Néflier 111919	Nostalgie 113784
Velya	152500	noire	1921	Nitrate 111699	Galère 73118
Venables	152501	grise	1921	Nitrate 111699	Grivette 72982
Venaison	150766	grise	1921	Nyctalope 113635	Jeannette 85011
Venaison	153711	noire	1921	Quaïman 129648	Radoteuse 134459
Vénale	152007	noire	1921	Rafiau 132822	Olympie 121222
Vénale	154251	bai-m.-f.	1921	Keris 93769	Jahel 93706
Vénalité	153785	grise	1921	Radeau 134903	Adèle 56311
Venante	152362	alezane	1921	Komplex 94539	Grive 81794

NOM	N°	ROBE	Naissance	PÈRE	MÈRE
Venasque	152505	grise	1921	Pilon 127251	Jeunesse 87044
Vence	151888	grise	1921	Roc 132979	Lucerne 101303
Vence	152506	grise	1921	Pilon 127251	Kola 95418
Vence	153941	gris-foncé	1921	Quasson 131729	Montenotte 110086
Vence	155000	gris foncé	1921	Quompromis 132021	Phrase 128285
Vendange	151360	gris-rouan	1921	Rohart 134256	Privée 126319
Vendange	153227	gris-fer	1921	Rectorat 135318	Matité 109869
Vendange	153683	grise	1921	Radeau 134903	Kleista 96056
Vendée	150619	grise	1921	Poison 125565	Salique 136550
Vendée	151890	gris-foncé	1921	Josué 88841	Océanide 121198
Vendée	153521	noir-zain	1921	Neigeux 112725	Neisse 113208
Vendée	153944	gris foncé	1921	Quasson 131729	Lisette 54515
Vendée	154748	gris-foncé	1921	Mélo 108236	Lucette 104399
Vendéenne	153228	gris-foncé	1921	Néflier 111919	Naissance 115066
Vendéenne	154254	noir-m.-t.	1921	Rêvasseur 135749	Omnipotence 123018
Vendegies	152511	grise	1921	Kalidun 95297	Fatma 56603
Vendelée	152513	noire	1921	Juste 85878	Kabyline 94124
Vendémiaire	153945	noir-m. t.	1921	Quasson 131729	Qlapoteuse 131794
Vendenesse	152518	grise	1921	Magellan 106095	Parenne 126667
Vendenesse	155002	gris-f.-r.	1921	Quaïman 129648	Seye 139534
Vendetta	150772	noire	1921	Neuilly 112606	Rustique 134417
Vendetta	151989	noir-zain	1921	Komplex 91539	Pérégrine 125002
Vendetta	153230	noire	1921	Néflier 111919	Résolue 133725
Vendetta	153681	grise	1921	Muet 109445	Quintida 131313
Vendetta	154257	gris-foncé	1921	Kourlis 95894	Parcimonie 128678
Vendeuse	151715	grise	1921	Névrosé 113735	Réussite 133696
Vendeuse	153231	noire	1921	Néflier 111919	Perdrix 124996
Vendeuse	153682	noire	1921	Radeau 134903	Nomisale 117714
Vendeuvre	152520	grise	1921	Jupiter 88668	Lacasse 101991
Vendeuvre	153946	grise	1921	Quasson 131729	Kourgane 96314
Vendeville	152521	noir-zain	1921	Jomarin 87262	Secrète 138615
Vendeville	155003	noire	1921	Quinaud 132720	Neige 118191
Vendhuile	152522	noire	1921	Magellan 106095	Oeta 121955
Vendières	152523	bai-brun	1921	Magellan 106095	Nisette 115037
Vendine	152524	grise	1921	Jupiter 88668	Loupe 102285
Vendœuvre	151891	noire	1921	Josué 88841	Judicature 84618
Vendoire	152525	noire	1921	Magellan 106905	Néerlande 115055
Vendôme	151893	noire	1921	Quanivot 130128	Clochette 54745
Vendômoise	151526	noire	1921	Piombino 127259	Houssine 73910
Vendrennes	152526	alezane	1921	Jupiter 88668	Motte 108965
Vendresse	152528	gris-clair	1921	Jupiter 88668	Lalanne 102013
Vendresse	155005	noire	1921	Quinaud 132720	Konnivence 95786
Vendue	151735	noir-zain	1921	Fier-à-Bras 65250	Logette 57191
Vendue	152529	grise	1921	Magellan 106095	Pardine 126665
Vendue	154264	grise	1921	Keris 93769	Karletta 97611

NOM	N°	ROBE	Naissance	PÈRE	MÈRE
Venelle	150178	noire	1921	Remisier 133326	Pommette 126019
Venelle	150806	grise	1921	Qotonnu 130216	Méfiante 105729
Venelle	151159	grise	1921	Pantin 124490	Pernelle 127154
Venelle	151939	grise	1921	Pivert 126000	Minutie 106812
Venelle	153234	gris-cend.	1921	Rob 135906	Quamisole 131520
Venelle	154266	bai-cerise	1921	Rêvasseur 135749	Quonfluence 132074
Venelle	155006	noire	1921	Quinaud 132720	Lépiote 101853
Vénéneuse	150179	grise	1921	Qroisy 130286	Hulotte 67045
Vénéneuse	153235	gris-foncé	1921	Konstat 95797	Jaffa 86392
Vénéneuse	154267	gris-foncé	1921	Rêvasseur 135749	Ostreville 122715
Vénénosité	153236	gris-foncé	1921	Konstat 95797	Notoriété 115884
Vénération	150190	noire	1921	Roulans 134739	Kastille 95984
Vénération	153237	gris-foncé	1921	Qualot 131492	Migraine 110532
Vénération	153721	gris-tr.-f.	1921	Kontemporain 91579	Légalité 104316
Venergue	152537	noire	1921	Magellan 106095	Qualifiée 131946
Vénérie	153242	noire	1921	Oder 121578	Obtention 121397
Vénerie	153767	gris-foncé	1921	Radeau 134903	Rayère 135072
Vénérie	154268	gris-vin.	1921	Rêvasseur 135749	Mutation 109511
Vénerie	150183	gris-foncé	1921	Quadricycle 128838	Réprimante 133675
Vénérolle	152535	grise	1921	Ouleux 121183	Lorcière 102260
Venesville	152538	grise	1921	Magellan 106095	Pancière 126655
Venète	150662	noire	1921	Rhin 133806	Poivrotte 124177
Venète	154899	grise	1921	Quesnel 129358	Singeuse 137523
Venète	153947	grise	1921	Quasson 134729	Locution 102583
Venète	154749	grise	1921	Mélo 108236	Normée 116670
Vanétie	151900	grise	1921	Quesnel 129358	Rustique 132975
Vénétie	153520	gris-vin.	1921	Neigeux 112725	Podolie 126236
Vénétie	153949	gris-foncé	1921	Quasson 134729	Pale 127662
Vénétie	154750	noir-zain	1921	Quinaud 132720	Limaille 104521
Venette	150186	gris clair	1921	Névrosé 113735	Lamelle 104580
Venette	150889	grise	1921	Rata 133599	Naucelle 114154
Venette	152536	noire	1921	Ouleux 121183	Mollesse 108824
Venezuela	153203	grise	1921	Rectorat 135318	Oubliette 122140
Vengeance	154270	gris-bleu	1921	Pâton 127979	Ribote 135831
Vanille	150611	noire	1921	Quesnel 129358	Olone 119223
Venille	151255	grise	1921	Qokala 129350	Léonore 98904
Venimeuse	154273	grise	1921	Quompromis 132021	Nattage 117358
Venise	150268	grise	1921	Rétiaire 134044	Idylle 78590
Venise	150634	gris-foncé	1921	Quaduc 129371	Piffe 125151
Vanise	150827	noire	1921	Qotonnu 130216	Palmette 67187
Vanise	150863	noire	1921	Quanivot 130108	Quoiffe 130190
Venise	150918	grise	1921	Rata 133599	Rélinite 133801
Venise	151366	gris-tr.-f.	1921	Nyctalope 113635	Maternelle 108125
Venise	151778	grise	1921	Rata 133599	Kognac 92698
Venise	152371	noire	1921	Pampelune 124878	Lavisse 100534

NOM	N°	ROBE	Naissance	PÈRE	MÈRE
Venise	152540	grise	1921	Magellan 106095	Minerve 110417
Venise	153204	gris-foncé	1921	Rectorat 135318	Roche 133412
Venise	153950	grise	1921	Quasson 131729	Ouarville 122728
Venise	154751	grise	1921	Ostabat 123735	Hursule 96847
Venise	155007	gris-foncé	1921	Rectal 135311	Harmonieuse 77944
Vénitienne	150189	gris-foncé	1921	Kalot 92507	Hydrographie 73896
Vénitienne	150986	noire	1921	Qokala 129350	Nivette 113384
Vénitienne	151325	noir-zain	1921	Fier-à-Bras 65250	Orbite 120255
Vénitienne	153250	gris-fer	1921	Roh 135906	Ogivette 122949
Venitienne	154275	gris-foncé	1921	Rinceur 135862	Organisée 123152
Véniza	151137	gris-foncé	1921	Ramassetont 133573	Quiletta 128804
Vennes	152541	baie	1921	Jupiter 88668	Kolombine 89892
Venosa	151905	noire	1921	Quanivot 130128	Mitaine 105607
Venosa	153954	gris-foncé	1921	Quasson 131729	Quavatine 131777
Venosa	154757	gris-roman	1921	Néflier 111919	Pierrette 128623
Venouse	151902	gris-noir	1921	Quesnel 129358	Kopuine 89849
Venouse	152545	bai-br.-f.	1921	Refus 135364	Libéria 104564
Venouse	153959	grise	1921	Quasson 131729	Oreière 123438
Venouse	154755	gris-foncé	1921	Néflier 111919	Quenelle 132574
Ventaille	150191	gris foncé	1921	Quadricycle 128838	Poterne 126109
Ventaille	154277	grise	1921	Keris 93769	Kathargol 97230
Ventaison	150197	gris-foncé	1921	Kalot 92507	Maltaise 107635
Ventaison	154278	grise	1921	Keris 93769	Phase 128267
Ventana	151059	gris-foncé	1921	Quissac 130271	Quadrate 130080
Vente	150199	gris-vin.	1921	Remisier 133326	Norvège 112759
Vente	150604	gris-foncé	1921	Marguillier 107679	Oméga 120322
Vente	153253	noire	1921	Réginon 134292	Kolumelle 95722
Vente	154279	gris-foncé	1921	Keris 93769	Revenue 135766
Ventée	150200	gris-foncé	1921	Remisier 133326	Qlarisse 129333
Ventée	151128	grise	1921	Rognon 135951	Peluche 124733
Ventée	154280	bai-br.-f.	1921	Rinceur 135862	Orgiaque 123158
Venteuse	150202	gris-vin.	1921	Remisier 133326	Questure 129143
Venteuse	154283	grise	1921	Manillon 110245	Pavette 128017
Ventilation	150203	noire	1921	Kalot 92507	Koustine 92250
Ventose	154284	noire	1921	Kourlis 95894	Maline 109575
Ventouse	150204	noire	1921	Kalot 92507	Oches 119980
Ventouse	150812	grise	1921	Qokala 129350	Ormille 120333
Ventouse	150835	grise	1921	Quadue 129371	Raboure 133600
Ventouse	151304	grise	1921	Quadue 129371	Kampanie 90912
Ventouse	151572	grise	1921	Réséda 133659	Mordache 109916
Ventouse	152548	noire	1921	Magellan 106095	Gentille 84524
Ventouse	152376	gris-foncé	1921	Rafian 132822	Quaissette 129549
Ventouse	153254	gris-foncé	1921	Réginon 134292	Quodite 131905
Ventouse	154287	grise	1921	Kourlis 95894	Originalité 123168
Ventrale	150205	noire	1921	Rédact 133123	Râpe 132917

NOM	N°	ROBE	Naissance	PÈRE	MÈRE
Ventrale	154289	noir-m.-t.	1921	Quernaro 130969	Orangeade 124012
Ventrale	153258	gris-foncé	1921	Rob 135906	Krevette 96034
Ventrière	153260	noir-m.-t.	1921	Konstat 95797	Nativité 113995
Ventrouze	152549	noire	1921	Kalidun 95297	Limeuse 103496
Ventrue	150556	bai-brun	1921	Quesnel 129358	Montre 105518
Ventrue	151709	grise	1921	Rétiaire 134044	Souvenance 137740
Ventura	150807	grise	1921	Névrosé 113735	Jalousie 85308
Ventura	151903	noire	1921	Quesnel 129358	Orgie 120327
Ventura	153955	noire	1921	Quasson 131729	Quavalière 131775
Ventura	154758	noire	1921	Ravignan 136302	Quinteuse 132721
Venue	153262	gris-foncé	1921	Rob 135906	Mésestime 110454
Venue	154292	grise	1921	Quompromis 132021	Mouvette 81628
Vénus	150209	gris-foncé	1921	Quadricycle 128838	Onzième 120846
Vénus	151513	noir-m.-t.	1921	Rameau 133704	Mirza 107353
Vénus	151678	gris-foncé	1921	Rétiaire 134044	Panarde 124347
Vénus	151750	gris-foncé	1921	Pégoud 126957	Labiche 104698
Vénus	151904	noire	1921	Quesnel 129358	Pépette 125044
Vénus	151914	noire	1921	Rafiau 132822	Larme 99591
Vénus	152627	gris-fer	1921	Pneu-ex-Palestro 126523	Quinconce 131297
Vénus	153205	gris-foncé	1921	Rectorat 135318	Qualoyère 131488
Vénus	153960	grise	1921	Quasson 131729	Occultation 122837
Vénus	154293	gris-foncé	1921	Quompromis 132021	Olim 119979
Vénus	154759	gris-foncé	1921	Marquis 110284	Novale 117491
Vénus	155048	gris-foncé	1921	Polonais 125998	Jugale 89179
Véra	151239	grise	1921	Qotonnu 130216	Néra 111602
Vera	152151	gris-tr.-f.	1921	Quadricycle 128838	Norique 112753
Véracité	150214	noir-zain	1921	Ouistreham 120076	Oyase 120759
Véranda	150210	noir-zain	1921	Quirat 128885	Roche 135116
Véranda	151754	grise	1921	Névrosé 113735	Quagoule 129636
Véranda	151972	noire	1921	Polus 126947	Plaisante 62034
Véranda	152002	noire	1921	Rafiau 132822	Joute 86262
Véranda	154296	noire	1921	Quinaud 132720	Halte 96885
Veranne	152550	grise	1921	Kalidun 95297	Moufette 108780
Vérargues	152551	noire	1921	Magellan 106095	Kocyte 94059
Vératrine	152363	noir-m.-t.	1921	Komplex 91539	Minorité 107872
Véraza	152552	grise	1921	Magellan 106095	Mignonne 84525
Verbale	154175	grise	1921	Rêvasseur 135749	Ligroïne 101445
Verberie	152554	grise	1921	Magellan 106095	Retouche 135725
Verbeuse	150216	bai-brun	1921	Jouillat 88642	Trompette 65620
Verbeuse	154299	grise	1921	Quinaud 132720	Novacelle 117489
Verbiage	150217	gris-foncé	1921	Jouillat 88642	Laventie 102124
Verbiage	153265	noir-zain	1921	Malplaquet 107145	Quanaille 131536
Verbiesles	152556	grise	1921	Magellan 106095	Maissine 108788
Verboquet	154298	noire	1921	Quinaud 132720	Idole 98239
Verbosité	150219	noire	1921	Quanard 131542	Natte 115517

NOM	N°	ROBE	Naissance	PÈRE	MÈRE
Verbosité	153266	gris-foncé	1921	Nitrate 111699	Lacune 103579
Vercelle	150643	grise	1921	Rhin 133506	Furette 43234
Vercia	152557	grise	1921	Magellan 106095	Jabotte 86744
Verclause	152558	grise	1921	Jupiter 88668	Irma 84516
Verda	152382	grise	1921	Rafian 132822	Pulpe 126516
Verdaches	152560	grise	1921	Magellan 106095	Kita 92379
Verdalle	152563	noire	1921	Odeux 121183	Polaire 120583
Verdâtre	150227	noire	1921	Pampelune 124878	Livrée 101039
Verdelette	150220	grise	1921	Quanard 131542	Oyante 122200
Verdelette	153268	gris-cend.	1921	Malplaquet 107145	Laque 102851
Verderie	150221	bai-brun	1921	Quanard 131542	Kerdouairière 95322
Verderie	150228	gris-foncé	1921	Pampelune 124878	Lacheuse 100744
Verderie	153271	gris-fer	1921	Malplaquet 107145	Rasse 135185
Verderie	154309	noir-zain	1921	Quinaud 132720	Quérido 132729
Verderonne	152593	noire	1921	Lichas 98731	Jacqueline 86871
Verdese	152567	grise	1921	Lichas 98731	Fanchette 98455
Verdette	151052	bai-chât.	1921	Quissac 130271	Odométrie 121498
Verdeur	150222	gris-clair	1921	Roulans 134739	Huppe 77187
Verdie	152156	noire	1921	Ouistreham 120076	Once 120374
Verdière	152570	noire	1921	Lichas 98731	Pêchette 124778
Verdière	153011	gris-foncé	1921	Régisseur 133613	Repriseuse 135619
Verdine	152571	grise	1921	Lichas 98731	Obies 122403
Verdone	152159	gris-foncé	1921	Négligent 112708	Galette 97125
Verdoyante	153274	noire	1921	Mordicant 110698	Ithaque 79103
Verdure	150229	gris-foncé	1921	Pampelune 124878	Laiche 100166
Verdure	150236	gris-foncé	1921	Pantin 124490	Quenouillée 129978
Verdure	150282	grise	1921	Receveur 133074	Nivernaise 113498
Verdure	150516	grise	1921	Quadue 129371	Jarde 85074
Verdure	151182	grise	1921	Nyctalope 113635	Lathuile 102096
Verdure	151331	grise	1921	Névrosé 113735	Rêveuse 57943
Verdure	151350	grise	1921	Nyctalope 113635	Méthode 106735
Verdure	153277	gris-foncé	1921	Malplaquet 107145	Poulotte 127088
Verdurette	150231	noire	1921	Ops 121242	Pistole 125952
Verdurette	153280	gris-foncé	1921	Néflier 111919	Quintuse 131534
Verdurette	154312	grise	1921	Quinaud 132720	Kerbéla 96388
Verestchaguine	150499	grise	1921	Quadue 129371	Joizette 85816
Vérétille	151440	gris-fer	1921	Négligent 112708	Saturnie 136895
Vérétille	153281	noire	1921	Néflier 111919	Lactoline 103575
Verette	150260	noir zain	1921	Psoriasis 126479	Oubliette 120400
Véreuse	151441	gris-foncé	1921	Négligent 112708	Nominative 112854
Verge	151442	noire	1921	Négligent 112708	Satyrique 136896
Verge	154319	bai-brun	1921	Pâton 127979	Gestradella 98229
Vergée	153286	noir-zain	1921	Nitrate 111699	Raquette 97667
Vergenne	152161	grise	1921	Kalot 92507	Liée 100765
Vergenne	152573	noir zain	1921	Lichas 98731	Polka 57513

NOM	N°	ROBE	Naissance	PÈRE	MÈRE
Vergenne	153961	grise	1921	Régisseur 133613	Opportunité 123092
Vergeoise	151445	noire	1921	Ouistreham 120076	Mœtodité 109313
Vergeoise	153287	noire	1921	Négligent 112708	Olympe 121601
Vergetée	153288	noire	1921	Négligent 112708	Nesmy 116571
Vergette	151877	gris-foncé	1921	Quanivot 130128	Janicule 86150
Vergette	152011	grise	1921	Rafian 132822	Quaussade 130836
Vergette	154320	gris-foncé	1921	Pâton 127979	Pélarde 128088
Vergeure	151447	noire	1921	Releveur 135426	Pâquerette 127135
Vergèze	152574	noir-zain	1921	Ouleux 121183	Loueuse 102275
Vergies	152575	noire	1921	Ouleux 121183	Kaline 94757
Vergne	152576	grise	1921	Juvénal 83553	Oudine 122376
Vergne	153291	noire	1921	Nitrate 114699	Kolombine 94078
Vergogne	150739	grise	1921	Quanevas 129730	Naillette 113011
Vergogne	151450	noire	1921	Quirat 128885	Nèpe 112824
Vergogne	152358	noire	1921	Komplex 91639	Noyade 114458
Vergogne	153293	noir zain	1921	Nitrate 114699	Charmante 84258
Vergogne	154324	grise	1921	Pâton 127979	Joppe 87456
Vergonne	152577	noire	1921	Juvénal 83553	Oufa 122367
Vergotine	151056	grise	1921	Rata 133599	Merisette 106021
Vergotine	151945	noir-zain	1921	Redoublé 133131	Malvina 68751
Vergotte	150789	grise	1921	Ramassetout 133573	Quarnette 128801
Vergranne	152579	grise	1921	Juvénal 83553	Quotité 128782
Vergue	150760	grise	1921	Quaduc 129371	Pente 124958
Vergue	151452	gris-foncé	1921	Lichas 98731	Mandarine 108246
Vergue	153295	gris fer	1921	Négligent 112708	Spode 137785
Vergue	154327	gris-foncé	1921	Kéris 93769	Patronale 127994
Véria	152580	grise	1921	Négligent 112708	Jumelle 88347
Véridicité	153296	gris-fer	1921	Négligent 112708	Quarpette 134585
Vérières	152581	noire	1921	Négligent 112708	Mélodieuse 108378
Vérine	153302	noire	1921	Mordicant 110698	Madelon 110440
Vérine	154328	gris-foncé	1921	Kéris 93769	Inde 83247
Véritable	151126	grise	1921	Rognon 135951	Indiscrète 79444
Véritas	151961	noire	1921	Rafian 132822	Laborde 98845
Vérité	150602	grise	1921	Poison 125565	Ovule 119068
Vérité	150896	grise	1921	Rata 133599	Kapillaire 90755
Vérité	151186	baie	1921	Quatalpa 129873	Kanule 92877
Vérité	151781	grise	1921	Névrosé 113735	Historiette 74270
Vérité	151786	noir-zain	1921	Roland 133948	Quolinière 129651
Vérité	151998	noire	1921	Rafian 132822	Héberge 78124
Vérité	153303	noire	1921	Mordicant 110698	Fusette 68378
Vérité	154329	gris-foncé	1921	Kéris 93769	Nocive 116978
Verjutée	153304	noire	1921	Rectorat 135318	Ologette 122775
Verjutée	154330	noir-rub.	1921	Rinceur 135862	Lamotte 102801
Verlaine	151206	grise	1921	Receveur 133074	Soucieuse 137666
Verlaine	152162	gris-foncé	1921	Polonais 125998	Noue 118023

NOM	N°	ROBE	Naissance	PÈRE	MÈRE
Verlaine	153964	gris-foncé	1921	Réserviste 135650	Sigoule 139704
Verlaine	154764	gris-c.d.m	1921	Maquis 110284	Immanente 82542
Verlopa	151205	alezane	1921	Receveur 133074	Quancale 129721
Vermande	151906	gris-foncé	1921	Quadricycle 128838	Locomobile 102845
Vermande	154765	gris-foncé	1921	Néflier 111919	Judée 88897
Vermeille	151503	noire	1921	Québec 131267	Lucie 101610
Vermeille	151771	grise	1921	Rata 133599	Jouée 86549
Vermeille	153305	gris-fer	1921	Rectorat 135318	Maya 105960
Vermeille	153545	gris-clair	1921	Relevant 133297	Questionneuse 129661
Vermejo	152165	gris-foncé	1921	Remisier 133326	Organisation 120071
Vermejo	153978	noire	1921	Réginon 134292	Nerveuse 116916
Vermejo	154766	noire	1921	Quinaud 132720	Saynète 140017
Vermille	151460	grise	1921	Quadricycle 128838	Naize 112255
Vermille	153307	noire	1921	Pilon 127251	Lisette 104159
Vermille	154331	grise	1921	Rêvasseur 135749	Quonvulsée 132177
Vermine	153309	noire	1921	Mordicant 110698	Sègre 138821
Vermine	154332	gris-foncé	1921	Rinceur 135862	Kyrielle 96330
Vermineuse	151730	noire	1921	Névrosé 113735	Mentiane 106381
Vermineuse	151938	noire	1921	Nyctalope 113635	Osorie 119798
Verminière	151464	grise	1921	Nyctalope 113635	Prisée 126311
Verminière	153310	noire	1921	Mordicant 110698	Minéralité 110565
Verminière	154333	gris-foncé	1921	Pâton 127979	Konidée 95779
Vermoulue	151465	baie	1921	Nyctalope 113635	Kalypso 90941
Vermouth	151802	noire	1921	Ramassetout 133573	Revue 133196
Vermouth	153568	grise	1921	Relevant 133297	Kadie 94573
Verna	152583	noire	1921	Négligent 112708	Perville 126754
Vernale	151468	noire	1921	Quirat 128885	Jale 84846
Vernale	153312	gris-fer	1921	Mordicant 110698	Quacahuète 131351
Vernantes	152584	grise	1921	Lichas 98731	Kehl 95401
Vernarède	152585	grise	1921	Quaron 130724	Outre 121756
Vernation	151469	gris-foncé	1921	Quadricycle 128838	Onde 119902
Vernation	153314	noire	1921	Malplaquet 107145	Nixéville 116627
Vernation	154339	gris-foncé	1921	Maquis 110284	Rinçure 135871
Verne	150608	noir-zain	1924	Quesnel 129358	Kreye 91666
Verne	151470	gris-foncé	1921	Quadricycle 128838	Pénurie 124961
Verne	152169	noire	1921	Kalot 92507	Pélamide 124846
Verne	152586	gris-rouan	1921	Quaron 130724	Nacelle 116744
Verne	153967	gris-foncé	1921	Quasson 131729	Oye 122763
Verne	154340	gris-foncé	1921	Qualcin 131447	Pantière 127462
Verne	154771	gris-f.-r.	1921	Kerdrain 95437	Poussette 128566
Vernègues	152587	baie	1921	Quaron 130724	Peyrière 126767
Verneiges	152588	noire	1921	Quaron 130724	Insoumission 79121
Vernelle	152589	grise	1921	Quaron 130724	Kaleite 95489
Vernelle	155010	gris-foncé	1921	Quasson 131729	Phénicienne 128270
Vernette	152170	gris-foncé	1921	Quadricycle 128838	Quanne 128868

NOM	N°	ROBE	Naissance	PÈRE	MÈRE
Vernette	152596	grise	1921	Négligent 112708	Numantine 113593
Vernette	153979	grise	1921	Mercy 105783	Rogue 135952
Vernette	154772	noire	1921	Obstructif 120705	Marmotte 114148
Vernie	150176	baie	1921	Reflux 135348	Sylvia 69061
Vernie	152503	grise	1921	Juste 85878	Italienne 81103
Vernina	152592	grise	1921	Négligent 112708	Méduse 109947
Verniolle	152593	grise	1921	Négligent 112708	Morne 106648
Vernissée	150908	gris-fer	1921	Qokala 129350	Nouvelle 114908
Vernissée	151472	noir-zain	1921	Rongetout 133602	Moldavie 105215
Vernissée	153316	noire	1921	Nitrate 111699	Onzième 121671
Vernissure	151474	grise	1921	Nyctalope 113635	Normalienne 11350
Vernonie	151478	gris-vin.	1921	Rongetout 133602	Napée 112532
Vernonie	153318	gris fer	1921	Malplaquet 107143	Miniature 110569
Vernonie	154344	gris-foncé	1921	Recteur 135313	Kadette 96651
Vernusse	152519	noir-m.-t.	1921	Jupiter 88668	Loquace 101404
Vérole	151479	gris-foncé	1921	Rongetout 133602	Laitue 100597
Vérole	153319	gris-foncé	1921	Pilon 127251	Kremaillière 96025
Vérole	154342	noire	1921	Maquis 110284	Panorme 126608
Vérone	150349	noire	1921	Quasi 128865	Rhinalgie 134122
Vérone	150821	noire	1921	Qokala 129350	Prélude 125138
Vérone	151910	gris-tr.-f.	1921	Qroisy 130286	Orphie 119334
Vérone	152035	noire	1921	Rafian 132822	Nombreuse 114796
Vérone	152173	gris-foncé	1921	Roulans 134739	Nubie 112764
Vérone	153971	gris-foncé	1921	Nérac 112728	Magie 110135
Vérone	154773	bai-brun	1921	Maquis 110284	Quinoline 132581
Vérone	155015	gris-pom.	1921	Mylord 407421	Quaptive 130760
Véronèse	152174	gris clair	1921	Roulans 134739	Nasalité 113940
Véronèse	153972	noire	1921	Nérac 112728	Kohérente 95687
Véronèse	154776	noire	1921	Kerdrain 95437	Queneviève 132586
Véronière	150294	grise	1921	Quatalpa 129873	Lisette 100784
Véronique	150793	gris foncé	1921	Qokala 129350	Qotisse 129334
Véronique	150941	noire	1921	Pantin 124490	Quardia 129999
Véronique	151332	bai-brun	1921	Névrosé 113735	Quoique 129247
Véronique	151949	noir-zain	1921	Rafian 132822	Jonchères 86314
Véronique	152176	noire	1921	Quadricycle 128838	Spolette 66963
Véronique	152744	gris-fer	1921	Quaillou 129642	Quaronade 131264
Véronique	153320	gris-cend.	1921	Nitrate 111699	Lande 103659
Véronique	153974	grise	1921	Réginon 134292	Gauchette 75202
Véronique	154347	grise	1921	Qualein 131447	Quompitale 132003
Véronique	154531	noire	1921	Quornaro 130969	Joanne 89219
Véronique	154778	noir-zain	1921	Québec 132753	Minerve 104892
Véronique	155051	bai-br.-f.	1921	Rectorat 135318	Quadastrale 131371
Véronne	152597	grise	1921	Négligent 112708	Hermangarde 77004
Vérosvre	152598	noire	1921	Négligent 112708	Junon 86838
Verpillère	151476	grise	1921	Rectal 135311	Permission 125338

NOM	N°	ROBE	NAISSANCE	PÈRE	MÈRE
Verpillière	152177	gris-tr.-f.	1921	Quirat 128885	Océane 120146
Verpillière	152599	noire	1921	Négligent 112708	Naucelle 115220
Verpillière	153975	grise	1921	Mercy 105783	Ispahan 83128
Verpillière	154780	gris-foncé	1921	Quoin 131888	Risette 136265
Verquières	152603	grise	1921	Négligent 112708	Levée 104148
Verrée	151257	noire	1921	Qokala 129350	Fauvette 84374
Verrée	151481	noire	1921	Remisier 133326	Nouveauté 112893
Verrée	153322	gris-fer	1921	Illettré 81310	Quachucha 131364
Verrerie	150247	noir-zain	1921	Ops 121242	Pâtée 124666
Verrerie	152606	noire	1921	Négligent 112708	Olynthe 122268
Verrerie	154348	noir-rub.	1921	Importun 80576	Nathalie 116312
Verrie	152608	noire	1921	Pilon 127251	Narcose 114313
Verrière	150867	gris-fer	1921	Pouff 124218	Jérygne 85817
Verrière	151482	gris-foncé	1921	Roulans 134739	Peausserie 124769
Verrière	154349	noire	1921	Importun 80576	Mazeppa 109682
Verrière	155019	gris-noir	1921	Octobre 124143	Milanaise 108570
Verrières	152594	noire	1921	Négligent 112708	Quanéphore 131355
Verrine	151483	grise	1921	Rohart 134256	Ormaie 119313
Verrine	153976	gris-clair	1921	Réginon 134292	Kompresse 95750
Verrine	154352	grise	1921	Qualcin 131447	Pelote 128618
Verrine	154781	gris foncé	1921	Nicobar 118452	Julia 88800
Verrine	155018	grise	1921	Mylord 107421	Ophtalmie 120860
Verrines	152610	rouanne	1921	Pilon 127251	Jacante 98432
Verronne	152611	grise	1921	Pilon 127251	Jina 98433
Verrue	151484	grise	1921	Rohart 134256	Quarotte 129532
Verrue	152612	noir-zain	1921	Pilon 127251	Harante 97018
Verruyes	152613	grise	1921	Négligent 112708	Gavette 98265
Versailles	151365	gris-rouan	1921	Receveur 133074	Kapette 92723
Versailles	152179	noir-zain	1921	Quadricycle 128838	Nécrobie 112700
Versailles	152614	noire	1921	Quitus 130149	Mormane 108931
Versailles	154783	gris-tr.-f.	1921	Obstructif 120705	Lareine 104553
Versailles	154967	noire	1921	Quoin 131888	Joharde 88872
Versainville	152752	grise	1921	Moineau 106576	Pupe 126846
Versanne	152754	gris foncé	1921	Moineau 106576	Pulsatrice 126836
Versante	151486	noire	1921	Nyctalope 113635	Reinette 134598
Versatile	150784	gris-foncé	1921	Qokala 129350	Ombrette 119203
Versatile	151487	grise	1921	Nyctalope 113635	Réclusion 133140
Versa	151491	grise	1921	Quanivot 130128	Quoncise 130358
Verseilles	152756	noire	1921	Moineau 106576	Nini 115411
Verseuse	151497	bai-brun	1921	Napoléon 114031	Pocheuse 124836
Verseuse	153329	noire	1921	Nitrate 111699	Minute 110581
Verseuse	154354	gris-bleu	1921	Ratapoil 135870	Narration 117355
Versicolore	151500	noire	1921	Pégoud 126957	Pistache 126942
Versicule	151499	noire	1921	Napoléon 114031	Noria 113676
Versine	152759	gris-bleu	1921	Rectorat 135318	Racineuse 134985

NOM	N°	ROBE	Naissance	PÈRE	MÈRE
Version	151498	grise	1921	Napoléon 114031	Gérance 70058
Version	151791	grise	1921	Rongetout 133602	Ottine 119812
Version	153331	gris-foncé	1921	Malplaquet 107145	Ruinure 134500
Version	154355	grise	1921	Rameur 136245	Mignonnette 104818
Verste	151508	noire	1921	Quirat 128885	Quambaye 130680
Verste	153333	gris-foncé	1921	Illettré 81310	Margot 110594
Verste	154357	noire	1921	Rameur 136245	Pholade 128282
Vertaizon	152185	noire	1921	Kalot 92507	Plante 124455
Vertaizon	152762	gris-foncé	1921	Moineau 106576	Rancenne 135012
Verte	151001	gris-foncé	1921	Pantin 124490	Piperline 125296
Verte	151509	noire	1921	Quadricycle 128838	Intransigeante 8013[illegible]
Verte	152182	noire	1921	Quadricycle 128838	Noduleuse 113519
Verte	154358	noir-m.-t.	1921	Quompromis 132021	Penande 128123
Verte	154784	noire	1921	Kerdrain 95437	Pétillante 128614
Vertébrale	153334	gris fer	1921	Illettré 81310	Ithaque 97117
Vertèbre	151687	grise	1921	Quadue 129371	Ouvrée 121095
Vertèbre	151790	noire	1921	Pivert 126000	Rectitude 133101
Vertèbre	153337	noire	1921	Juste 85878	Métropole 110491
Vertèbre	154363	grise	1921	Rameur 136245	Oubliette 123264
Vertelle	151512	gris-fer	1921	Malplaquet 107145	Omnipotence 121628
Vertelle	153339	noire	1921	Lichas 98731	Patinense 127072
Verterelle	151516	noir-zain	1921	Réséda 133659	Quonjointe 130390
Verterelle	153343	noire	1921	Malplaquet 107145	Klaie 94950
Verticale	151521	noire	1921	Rococo 134245	Kramérie 97638
Verticale	153348	gris-foncé	1921	Rectorat 135318	Quintessence 131658
Verticalité	153347	gris-foncé	1921	Rectorat 135318	Liégeuse 104200
Verticelle	150949	gris-foncé	1921	Pantin 124490	Mentana 105639
Vertie	150898	gris-foncé	1921	Roland 133948	Juniville 85857
Vertige	150976	noire	1921	Qokala 129350	Popotte 125270
Vertigineuse	151530	noire	1921	Remisier 133326	Jactance 86376
Vertolaye	152764	bai-brun	1921	Moineau 106576	Napée 112791
Vertu	150521	noire	1921	Ramassetout 133573	Pelouze 125146
Vertu	151528	noire	1921	Rouget 134282	Jacée 88161
Vertu	151794	grise	1921	Ramassetout 133573	Oléfiante 118895
Vertu	152188	noir-zain	1921	Quadricycle 128838	Kermesse 90840
Vertu	152370	noir-zain	1921	Pampelune 124878	Humelière 77177
Vertu	152743	grise	1921	Quêteur 129815	Herpine 74275
Vertu	153351	gris-tr.-f.	1921	Néflier 111919	Pomponne 125366
Vertu	153982	grise	1921	Quasson 131729	Meurthe 108487
Vertu	154367	gris-foncé	1921	Ravaillac 136301	Frisette 53096
Vertu	154788	noire	1921	Quoin 131888	Jacinthe 98521
Vertueuse	150628	grise	1921	Rhin 133506	Rogneuse 134238
Vertueuse	150922	baie	1921	Pantin 124490	Mouchette 67303
Vertueuse	151169	noir-rub.	1921	Pantin 124490	Honorée 74681
Vertueuse	151192	noire	1921	Quanivot 130128	Ovale 119754

NOM	N°	ROBE	Naissance	PÈRE	MÈRE
ertueuse	151529	alezan-br.	1921	Remisier 133326	Octave 120173
ertueuse	151734	noir-zain	1921	Reichs 133996	Méfiante 107639
ertueuse	152624	noire	1921	Marocain 107904	Musique 107612
ertueuse	154369	gris-vin.	1921	Quitus 130149	Frisette 98221
ertueuse	154789	gris-foncé	1921	Interprète 80665	Peluche 128620
ertumne	152187	noire	1921	Quadricycle 128838	Poussée 126156
ertumne	153981	grise	1921	Qupidon 130054	Obligation 122790
ertumne	154786	gris-foncé	1921	Interprète 80665	Limonade 104516
ertus	150822	gris-foncé	1921	Qotonnu 130216	Nébuleuse 111599
arumontanum	150384	noire	1921	Neuilly 112606	Laodicée 100890
érune	152765	grise	1921	Moineau 106576	Javeline 87984
érune	155034	noire	1921	Octobre 124143	Nannette 113329
erve	151532	gris-foncé	1921	Rongetout 133602	Jurieuse 85055
erve	153353	gris-foncé	1921	Néflier 114919	Nice 116384
erve	154371	grise	1921	Quitus 130149	Mascotte 109664
erveine	151015	noir-zain	1921	Fier-à-Bras 65250	Obreption 122799
erveine	151082	gris-vin.	1921	Reynal 132841	Oseille 120274
erveine	151533	grise	1921	Rongetout 133602	Reillanne 134590
erveine	151954	noire	1921	Rafiau 132822	Modulation 106869
erveine	152153	noire	1921	Quadricycle 128838	Perruse 126049
erveine	152622	gris-fer	1921	Québec 131267	Martine 107912
erveine	153356	gris-foncé	1921	Néflier 114919	Kératite 92423
erveine	154374	grise	1921	Quitus 130149	Lolotte 68348
erveine	154333	grise	1921	Ostabat 123735	Mirka 110870
ervelle	151536	gris-foncé	1921	Rongetout 133602	Jaqueline 85907
ervelle	153358	noire	1921	Néflier 114919	Nicée 116385
ervelle	154375	gris-foncé	1921	Quitus 130149	Quahale 132593
ervezelle	152767	gris-foncé	1921	Moineau 106576	Ordinale 122001
erville	155035	noire	1921	Octobre 124143	Héliade 78009
erville	152768	gris-pom.	1921	Moineau 106576	Ordonnance 122004
erzeille	152769	gris-foncé	1921	Moineau 106576	Icarie 78467
erzeille	155036	noir-zain	1921	Octobre 124143	Marinette 108536
esaignes	152770	grise	1921	Moineau 106576	Jaunisse 85173
Vésale	152190	grise	1921	Pélissier 126603	Moricette 105323
Vésale	153983	gris-foncé	1921	Quasson 131729	Nursery 117120
Vésale	154790	gris-foncé	1921	Quinaud 132720	Papetière 127521
Vésanie	151537	noire	1921	Rongetout 133602	Orléanaise 119774
Vésanie	151775	grise	1921	Fier-à-Bras 65250	Gavotte 98104
Vésanie	153361	noire	1921	Néflier 114919	Isle 82132
Vésanie	154377	noire	1921	Quinaud 132720	Lise 104701
Vesce	150953	noir-zain	1921	Quissac 130271	Rapière 133819
Vesce	151538	gris-vin.	1921	Réséda 133659	Parasange 124470
Vesce	151712	alezan-br.	1921	Pantin 124490	Lasagne 100669
Vesce	153363	noire	1921	Néflier 114919	Gastille 104745
Vesce	154378	grise	1921	Quitus 130149	Perdue 128174

NOM	N°	ROBE	Naissance	PÈRE	MÈRE
Vescle	152771	grise	1921	Moineau 106576	Lastuce 100793
Vésicale	151539	grise	1921	Réséda 133659	Parasélène 124471
Vésicale	154380	noire	1921	Quitus 130149	Pénurie 128150
Vésicante	150708	grise	1921	Pantin 124490	Ronde 132774
Vésicante	151702	grise	1921	Rhin 133506	Rognée 134242
Vésicante	154381	noire	1921	Quitus 130149	Moustache 93493
Vésication	153365	gris-fer	1921	Malplaquet 107145	Modiste 109971
Vésication	154382	gris-foncé	1921	Importun 80576	Herse 75537
Vésicule	151132	gris-fer	1921	Poison 125565	Parana 125473
Vésicule	151541	noire	1921	Rongetout 133602	Reille 134592
Vésicule	151683	noire	1921	Receveur 133074	Picoteuse 125753
Vésicule	153366	gris-fer	1921	Malplaquet 107145	Quasaque 131606
Vésicule	154383	noire	1921	Royal 133913	Née 117621
Vésiculeuse	153367	gris-fer	1921	Néflier 141919	Lydie 103536
Vésigue	151935	grise	1921	Polus 126947	Hulotte 73990
Vésine	152772	noire	1921	Moineau 106576	Olga 122025
Vesle	150654	gris-foncé	1921	Rhin 133506	Colombine 62922
Vesle	152191	grise	1921	Pélissier 126603	Nicille 114224
Vesle	152773	gris-pom.	1921	Moineau 106576	Kabbasse 91232
Vasle	153984	grise	1921	Ourson 131729	Kanette 95096
Vesle	154791	grise	1921	Obstructif 120705	Ostéine 123825
Vesole	150658	gris-foncé	1921	Receveur 133074	Loquèle 99873
Vespasienne	151542	baie	1921	Rongetout 133602	Managua 107152
Vespasienne	152202	gris-foncé	1921	Quadricycle 128838	Quarmeline 129475
Vespasienne	153985	noir-m.-t.	1921	Mercy 105783	Nysa 147310
Vespasienne	154384	noire	1921	Importun 80576	Percluse 128166
Vespérale	151544	noire	1921	Pivert 126000	Mondiale 106884
Vespière	152774	bai-br.-f.	1921	Moineau 106576	Ordonnée 122006
Vassdeloup	150565	noire	1921	Pouff 124218	Roquette 136325
Vesse	151545	noire	1921	Pivert 126000	Régionale 133233
Vesse	152778	gris-vin.	1921	Quardiff 130770	Laminerie 101715
Vesse	153371	alezane	1921	Nitrate 111699	Nuclée 144990
Vesse	154387	gris-foncé	1921	Importun 80576	Escapade 73319
Vesseuse	153372	noire	1921	Pilon 127251	Opiacée 121687
Vessie	150746	grise	1921	Receveur 133074	Taupine 60459
Vessie	151099	noir m.-t.	1921	Quissac 130271	Kandide 95584
Vessie	151546	noire	1921	Rongetout 133602	Matelote 106241
Vessie	153373	gris-foncé	1921	Nitrate 111699	Jungle 88350
Vessie	154389	noire	1921	Qualein 131447	Landaise 101137
Vesta	150530	noire	1921	Rongetout 133602	Mignonne 65202
Vesta	150564	grise	1921	Quaduc 129371	Quiloa 129197
Vesta	150788	gris-vin.	1921	Ramassetout 133573	Hastique 76601
Vesta	152193	gris-clair	1921	Remisier 133326	Sphyrène 137763
Vesta	153860	gris-foncé	1921	Polonais 125998	Gaulette 73153
Vesta	153987	grise	1921	Qupidon 130054	Hampe 75362

NOM	N°	ROBE	Naissance	PÈRE	MÈRE
Vesta	154532	grise	1921	Ostabat 123735	Ivette 87625
Vesta	154794	gris-foncé	1921	Rectal 135314	Oseraie 123834
Vestale	150259	gris noir	1921	Kastel 97527	Négrita 116920
Vestale	151548	noir-zain	1921	Nyctalope 113635	Morosive 106936
Vestale	151732	grise	1921	Névrosé 113735	Romane 134691
Vestale	152154	gris-foncé	1921	Quadricycle 128838	Rosette 134979
Vestale	152195	gris-foncé	1921	Remi-ier 133326	Quadrature 138839
Vestale	152342	grise	1921	Komplex 91539	Name 115256
Vestale	153374	noir-zain	1921	Pilon 127251	Lamoche 98916
Vestale	153988	noir-m. t.	1921	Qupidon 130054	Kacahuète 95509
Vestale	154393	gris-foncé	1921	Recteur 135313	Nocive 118096
Vestale	154796	grise	1921	Quinaud 132720	Ortie 123838
Vestales	150574	noir-zain	1921	Pouff 124218	Promise 124220
Vestalie	151551	noire	1921	Rongetout 133602	Quintana 129359
Vestalies	153377	gris-foncé	1921	Konstat 95797	Marienne 81800
Veste	150957	noire	1921	Rouget 134282	Gertrude 72063
Veste	151549	grise	1921	Nyctalope 113635	Pirouette 125941
Veste	153378	noire	1921	Pilon 127251	Méprise 110418
Veste	154394	grise	1921	Quompromis 132021	Mentana 109718
Vestige	151036	gris-foncé	1921	Roland 133948	Pénates 125311
Vestige	151554	gris-vin.	1921	Rongetout 133602	Récréance 133160
Vestige	154396	grise	1921	Odieux 121492	Rareté 135470
Vestiture	153379	gris-fer	1921	Malplaquet 107145	Quacologie 131368
Vestiture	154395	grise	1921	Recteur 135313	Outre 123301
Vésubie	152779	gris-pom.	1921	Quardiff 130770	Quonférence 130907
Vésubie	155037	noire	1921	Octobre 124143	Quentine 129659
Vésulienne	153381	noir-zain	1921	Pilon 127251	Laperrière 103702
Vésuve	152196	noire	1921	Qroisy 130286	Romanche 134683
Vésuve	154793	noire	1921	Recteur 135313	Olympie 123416
Vétarie	150664	noire	1921	Rhin 133506	Insoluble 79225
Vetelle	154292	bai-brun	1921	Fier-à-Bras 65250	Ranguesne 133929
Vétérance	151557	gris-foncé	1921	Rongetout 133602	Remarque 134602
Vétérance	153383	gris-foncé	1921	Lichas 98731	Charmante 61402
Vétérance	154398	grise	1921	Importun 80576	Myrrhe 110405
Vetille	151265	grise	1921	Pantin 124490	Okazione 120677
Vétille	151343	grise	1921	Quaduc 129371	Imagination 79757
Vétille	151559	grise	1921	Rohart 134256	Quonjurée 132742
Vétille	153385	noire	1921	Lichas 98731	Kartino 94613
Vétille	154401	noire	1921	Qualein 131447	Rixdale 135910
Vétilleuse	153386	gris-foncé	1921	Rectorat 135318	Guillemette 71781
Vétilleuse	154402	grise	1921	Recteur 135313	Néantise 117622
Vétrigne	152781	grise	1921	Moineau 106576	Popotte 126849
Vêture	151566	grise	1921	Rongetout 133602	Halte 73630
Vêture	153387	gris-foncé	1921	Lichas 98731	Optative 121717
Vêture	154403	noir-m.-t.	1921	Quompromis 132021	Norique 117272

NOM	N°	ROBE	Naissance	PÈRE	MÈRE
Véturie	152198	noire	1921	Quadricycle 128838	Quocarde 129668
Véturie	153989	noire	1921	Quissac 130271	Réponse 135612
Véturie	154797	gris-foncé	1921	Médisant 105527	Rouleuse 136177
Vétusté	151125	noire	1921	Pantin 124490	Nobèthe 113463
Vétusté	151340	gris-foncé	1921	Quaduc 129371	Omélie 121164
Vétusté	151569	grise	1921	Rongetout 133602	Nécromancie 112705
Vétusté	153388	noire	1921	Mordicant 110698	Pologne 127282
Vétusté	154405	grise	1921	Quompromis 132021	Ouvraison 123315
Veuglaire	153390	noir-zain	1921	Mordicant 110698	Naïade 117853
Veule	150926	gris-foncé	1921	Ramoneur 133946	Oursine 120576
Veule	152782	grise	1921	Quanivot 130128	Orée 122012
Veule	153391	noire	1921	Mordicant 110698	Jérémiade 88245
Veulerie	153394	noire	1921	Malplaquet 107145	Lécluse 103701
Veulerie	154409	gris-foncé	1921	Quompromis 132021	Otite 123256
Veulette	150506	noire	1921	Poutf 124218	Pensée 124219
Veulette	152783	grise	1921	Quanivot 130128	Kerpoule 95301
Veurdre	152785	grise	1921	Récipé 135282	Ostéite 122123
Veuve	150385	grise	1921	Quanevas 129736	Meuve 114197
Veuve	151179	noire	1921	Psoriasis 126479	Lavolinière 100918
Veuve	151788	grise	1921	Rongetout 133602	Quongrne 130385
Veuve	152788	gris-bleu	1921	Récipé 135282	Kouperose 95880
Veuve	153389	gris-foncé	1921	Mordicant 110698	Laps 103697
Veuve	154408	gris-foncé	1921	Quitus 130149	Margot 93494
Vèvre	152790	bai-brun	1921	Reichs 133996	Luciole 99928
Vexation	151351	noire	1921	Nyctalope 113635	Richesse 134320
Vexation	151571	grise	1921	Nyctalope 113635	Lascive 100580
Vexation	153395	noire	1921	Malplaquet 107145	Narce 146517
Vexation	154411	noire	1921	Quompromis 132021	Perdrix 128173
Veyle	150575	grise	1921	Poutf 124218	Merveille 105830
Veyle	152204	noire	1921	Quadricycle 128838	Poulaine 126124
Veyle	153990	noire	1921	Quissac 130271	Grive 72826
Veyle	154798	grise	1921	Russiot 133133	Romancière 136176
Veyne	152205	noire	1921	Kalot 92507	Ormette 120043
Veyne	154802	gris-f.-r.	1921	Néflier 114919	Négligence 117703
Veyre	152207	noire	1921	Kalot 92507	Lunelle 101324
Veyre	153991	gris-foncé	1921	Régisseur 133613	Hérodiade 76140
Veyrie	152791	gris-foncé	1921	Moineau 106576	Navette 116836
Veyriere	152792	gris-foncé	1921	Ouistreham 120076	Occasion 120276
Veyrine	152793	noire	1924	Ouistreham 120076	Projection 126358
Veyrune	152794	bai-marr.	1921	Ouistreham 120076	Licorne 100293
Veyssière	152796	bai-brun	1921	Releveur 135426	Krinte 95935
Vézanne	152800	grise	1921	Moineau 106576	Quonfidence 130910
Vèze	152802	gris-foncé	1921	Ouistreham 120076	Anodine 60360
Vézelise	150626	gris-f.-v.	1921	Queriquet 129124	Soupière 136694
Vézelise	152210	noire	1921	Kalot 92507	Miche 105097

NOM	N°	ROBE	Naissance	PÈRE	MÈRE
Vézelise	152803	gris-rouan	1921	Névrosé 113735	Kolite 90420
Vézelise	153994	noir-zain	1921	Quouguar 132344	Paillote 127647
Vézelise	154799	grise	1921	Néflier 111919	Luxuriante 102735
Vézère	152212	gris-clair	1921	Remisier 133326	Quousine 130622
Vézère	153995	grise	1921	Régisseur 133613	Nuclée 117090
Vézère	154803	gris-foncé	1921	Néflier 111919	Pastille 127931
Vézeronce	152213	noire	1921	Remisier 133326	Procédure 126327
Vézeronce	153996	gris-foncé	1921	Quissac 130271	Répudiation 135626
Vézeronce	154808	gris-foncé	1921	Recteur 135313	Péninsule 128567
Viabilité	153398	gris-foncé	1921	Rob 135906	Netteté 115739
Viabilité	154412	noire	1921	Quompromis 132021	Jugulaire 88812
Viagère	151579	noire	1921	Rohart 134256	Quastille 130809
Viagère	153399	gris-foncé	1921	Malplaquet 107145	Kardamine 95647
Viagère	154413	noire	1921	Quompromis 132021	Quatapulte 131741
Viala	150639	noire	1921	Receveur 133074	Seime 136561
Viala	152808	grise	1921	Reichs 133996	Papule 125330
Viala	154809	gris-foncé	1921	Quaïman 129648	Quotte 132325
Viande	151576	noir zain	1921	Rongetout 133602	Latrie 99331
Viande	151726	gris-rouan	1921	Névrosé 113735	Quoriacée 130539
Viande	153400	noire	1921	Pilon 127251	Imola 93454
Viane	152810	noir-zain	1921	Reichs 133996	Noaille 115434
Vianna	152214	gris-tr.-f.	1921	Roulans 134739	Récolte 133142
Vianna	153998	gris-foncé	1921	Régisseur 133613	Michée 108499
Vianna	154813	gris-foncé	1921	Québec 132753	Javelotte 88862
Viatique	152005	noire	1921	Ratian 132822	Ostie 121298
Viatka	152216	gris-foncé	1921	Kalot 92507	Quettreville 129001
Viatka	154000	grise	1921	Qupidon 130054	Ibéride 82871
Viatka	154814	noire	1921	Québec 132753	Piastre 127736
Viazma	152217	noire	1921	Kalot 92507	Jettature 84567
Viazma	154001	noir-m.-t.	1921	Qupidon 130054	Offre 122924
Viazma	154816	gris-foncé	1921	Ravignan 136302	Gauloise 72867
Vibice	151577	alezane	1921	Rongetout 133602	Larive 100905
Vibices	153404	noire	1921	Odieux 121492	Quansette 131763
Vibrante	150920	grise	1921	Pélissier 128603	Laronne 98890
Vibrante	151582	grise	1921	Rongetout 133602	Pulchérie 126023
Vibrante	154416	gris-foncé	1921	Quasson 131729	Renommée 135572
Vibratile	153405	gris-fer	1921	Recteur 135313	Poterie 127702
Vibration	153409	noire	1921	Odieux 121492	Garlotte 98378
Vibration	154418	grise	1921	Quompromis 132021	Otarie 123255
Vibraye	152812	noire	1921	Ouistreham 120076	Nocivité 113122
Vibraye	154003	gris-foncé	1921	Régisseur 133613	Macharoire 110112
Vibrisse	151584	grise	1921	Quadricycle 128838	Quonscience 130404
Vibrisse	153410	gris-foncé	1921	Odieux 121492	Préneste 127345
Vibrisse	154420	gris-foncé	1921	Quitus 130149	Ida 83082
Vicairie	153411	gris-foncé	1921	Odieux 121492	Ouate 122599

NOM	N°	ROBE	Naissance	PÈRE	MÈRE
Vicariale	153413	noire	1921	Odieux 121492	Norolle 116675
Vice	150292	grise	1921	Pouff 124218	Sibèle 63387
Vicence	152219	noire	1921	Kalot 92507	Quordaïte 130515
Vicence	154005	gris-vin.	1921	Qupidon 130054	Représaille 135614
Vicence	154817	gris-clair	1921	Québec 132753	Kelmina 96089
Vichère	151035	noire	1921	Pantin 124490	Palestrina 124397
Vichnou	154007	grise	1921	Régisseur 133613	Brillante 69177
Vichy	150925	grise	1921	Ramoneur 133946	Odyssée 120581
Viciable	151585	gris-vin.	1921	Rohart 134256	Jaligny 84792
Viciatrice	153414	noire	1921	Importun 80576	Jeandelize 87539
Vicicitude	151028	grise	1921	Rata 133599	Latitude 97958
Vicieuse	151180	noire	1921	Psoriasis 126479	Tempête 47147
Vicieuse	151327	noire	1921	Rata 133599	Opacité 119181
Vicieuse	151586	grise	1921	Rohart 134256	Quintecurse 129201
Vicieuse	153415	bai-foncé	1921	Odieux 121492	Noyellette 116749
Vicinale	151757	grise	1921	Rata 133599	Rochette 55127
Vicinale	153446	gris-foncé	1921	Recteur 135313	Gafsa 78535
Vicinalité	151589	noire	1921	Quadricycle 128838	Ilia 81463
Vicinalité	153419	gris-vin.	1921	Rob 135906	Kapeline 95608
Vicogne	152813	bai-brun	1921	Ouistreham 120076	Orobanche 122076
Vicoigne	152815	bai-br.-f.	1921	Ouistreham 120076	Katchar 95065
Vicomtesse	150456	noire	1921	Quatalpa 129873	Ristourne 134192
Vicomtesse	150671	alezane	1921	Receveur 133074	Montretout 105617
Vicomtesse	151590	gris-vin.	1921	Rohart 134256	Bichette 58324
Vicomtesse	151981	grise	1921	Polus 126947	Quatane 130817
Vicomtesse	154426	noire	1921	Radeau 134903	Négrerie 116876
Vicontesse	150637	gris-foncé	1921	Poison 125565	Louve 99764
Victime	150733	grise	1921	Quanevas 129730	Renaissance 134633
Victime	150754	gris-vin.	1921	Quaduc 129371	Rincée 134160
Victime	151363	grise	1921	Rohart 134256	Quodie 129071
Victime	151591	grise	1921	Rohart 134256	Quonsulte 130418
Victime	153423	noire	1921	Rob 135906	Kouflette 92655
Victoire	150398	noire	1921	Psoriasis 126479	Jérichotte 83886
Victoire	151006	grise	1921	Fier-à-Bras 65250	Kame 92295
Victoire	151471	noire	1921	Quadricycle 128838	Quina 129450
Victoire	151593	grise	1921	Rohart 134256	Sordidité 137647
Victoire	152021	noire	1921	Pampelune 124878	Suppression 137994
Victoire	152442	grise	1921	Pampelune 124878	Quazotte 130842
Victoire	152566	grise	1921	Lichas 98731	Kléo 95302
Victoire	152625	noire	1921	Québec 131267	Ibérie 80335
Victoire	152855	noire	1921	Reynal 132841	Palatine 124679
Victoire	153425	gris-foncé	1921	Rob 135906	Prévéza 127352
Victoire	153539	noire	1921	Pégoud 126957	Bouillante 67342
Victoire	154011	gris-foncé	1921	Régisseur 133613	Joyeuse 87157
Victoire	154429	noire	1921	Quinaud 132720	Kantième 96337

NOM	N°	ROBE	Naissance	PÈRE	MÈRE
Victoire	154723	gris-foncé	1921	Obstructif 120705	Roussette 136147
Victoire	153020	noire	1921	Kastel 97527	Merveille 107905
Victoria	150264	noire	1921	Pouff 124218	Navenne 114163
Victoria	151047	noir-m. t.	1921	Qualvados 131498	Quouchète 130608
Victoria	151364	grise	1921	Quanevas 129730	Katalane 91181
Victoria	151594	gris-clair	1921	Rohart 134256	Quittance 129238
Victoria	151774	baie	1921	Névrosé 113735	Mare 105679
Victoria	152012	noire	1921	Rafiau 132822	Psyché 126472
Victoria	152222	gris-foncé	1921	Kalot 92507	Rugueux 134492
Victoria	153426	gris-foncé	1921	Merey 105783	Klématite 94969
Victoria	153576	grise	1921	Marsin 109642	Nuance 116272
Victoria	154047	grise	1921	Médisant 105527	Jamaïque 87385
Victoria	154080	gris-foncé	1921	Nichet 117897	Givette 72080
Victoria	154428	noire	1921	Quinaud 132720	Irun 83027
Victoria	154722	baie	1921	Kerdrain 95437	Rapine 136163
Victorieuse	151211	grise	1921	Quadue 129371	Kentyne 90585
Victorieuse	151595	noir zain	1921	Réséda 133659	Ourthe 119845
Victorine	150303	noire	1921	Psoriasis 126479	Quage 129622
Victorine	150511	noire	1921	Rhin 133506	Kourtilière 91359
Victorine	151522	noir-m.t.z	1921	Fier-à-Bras 65250	Rezonville 134293
Victorine	151756	grise	1921	Rata 133599	Pyrole 126886
Victorine	154725	noire	1921	Obstructif 120705	Oracle 124008
Victuaille	150291	noire	1921	Pouff 124218	Nauflette 114177
Victuaille	151598	gris-foncé	1921	Réséda 133659	Ramsgate 133706
Vida	150578	gris-foncé	1921	Pouff 124218	Sirène 67351
Vida	150958	noire	1921	Rouget 134282	Quadrature 128793
Vida	152223	grise	1921	Kalot 92507	Replète 133643
Vidale	152225	grise	1921	Kalot 92507	Konique 93577
Vidalières	152816	noire	1921	Ouistreham 120076	Percale 124973
Vidame	150320	grise	1921	Receveur 133074	Quannelle 129741
Vidame	150842	noire	1921	Quesnel 129358	Saitout 136548
Vidame	154430	gris-clair	1921	Quompromis 132021	Messène 104819
Vidamie	151764	grise	1921	Rata 133599	Quonversion 130471
Vidange	153420	noire	1921	Nichet 117897	Guitare 72100
Vide	151096	noire	1921	Pantin 124490	Ortie 122102
Vide	153432	gris-vin.	1921	Nichet 117897	Kaspienne 96489
Vide	154432	gris-foncé	1921	Quompromis 132021	Liégeuse 101917
Videcosville	152817	gris-foncé	1921	Ouistreham 120076	Quoque 130938
Videlle	151601	noire	1921	Pivert 126000	Givette 69963
Videlle	152818	grise	1921	Reichs 133996	Pyrite 126884
Videlle	153433	gris fer	1921	Odieux 121492	Offrande 121160
Videlle	154433	grise	1921	Quompromis 132021	Ordalie 123129
Vidi	150283	grise	1921	Roussin 134466	Pochetée 125529
Vidoine	150531	grise	1921	Rohart 134256	Idoine 81294
Vidourle	152228	noire	1921	Qroisy 130286	Sophie 63976

NOM	N°	ROBE	Naissance	PÈRE	MÈRE
Vidourle	154020	gris-foncé	1921	Régisseur 133613	Petite 124225
Vidouville	152819	noir-zain	1921	Ouistreham 120076	Médecine 109929
Vidouze	152820	noire	1921	Ouistreham 120076	Orthologie 122093
Viduité	151602	gris-foncé	1921	Pivert 126000	Quampine 130691
Viduité	153435	gris-fer	1921	Quitus 130149	Serbie 138906
Viduité	154434	grise	1921	Quompromis 132021	Pernicieuse 128192
Vidure	151606	gris-foncé	1921	Qroisy 130286	Kapeluche 91156
Vidure	153436	gris-vin.	1921	Odieux 121492	Isare 82094
Vidure	154437	grise	1921	Quompromis 132021	Résection 133695
Vie	150661	gris-vin.	1921	Rhin 133506	Kaaba 92277
Vie	150964	noir-zain	1921	Quissac 130271	Larme 97976
Vie	152232	noire	1921	Quadricycle 128838	Orglande 120024
Vie	153438	aubère	1921	Royal 133913	Nouzerine 116694
Vieille	152821	noire	1921	Ouistreham 120076	Rustique 133115
Vieillebranche	152338	noire	1921	Komplex 91539	Quormière 130735
Vieillecour	150300	grise	1921	Roussin 134466	Qlarinette 129928
Vieillerie	151319	grise	1921	Rectal 135311	Roupidesinge 133058
Vieillerie	151607	noire	1921	Redoublé 133131	Pécune 124782
Vieillesse	150555	grise	1921	Quesnel 129358	Missive 105662
Vieillesse	153444	gris-fer	1921	Recteur 135313	Quapitoline 131187
Vieillevie	152822	noir-zain	1921	Ouistreham 120076	Quonvention 130924
Vieillevigne	152823	noire	1921	Ouistreham 120076	Pulpoire 126835
Vieilleville	152233	gris-foncé	1921	Névrosé 113735	Offre 120214
Vieillotte	153445	gris-foncé	1921	Recteur 135313	Régionale 135387
Viella	152824	grise	1921	Ouistreham 120076	Pythie 126888
Vielle	151608	noire	1921	Redoublé 133131	Prèle 126205
Vielle	151800	grise	1921	Qotonnu 130216	Rare 133592
Vielle	153448	gris-fer	1921	Odieux 121492	Novacelle 116700
Vielle	154441	grise	1921	Recteur 135313	Quorne 132249
Vielle	154731	gris-foncé	1921	Ostabat 123735	Matraque 111122
Viellepinte	152828	grise	1921	Quarteron 128953	Mélodie 109336
Vielverge	152829	bai-brun	1921	Releveur 135246	Occase 121401
Viendratelle	151207	noire	1921	Receveur 133074	Labrulière 100628
Vienna	150600	noire	1921	Qokala 129350	Montanère 105631
Viennaise	152237	noire	1921	Névrosé 113735	Noue 112103
Viennaise	154734	noire	1921	Mélo 108236	Quinte 132557
Vienne	150847	grise	1921	Neuilly 112606	Nagoya 114586
Vienne	152235	gris-tr.-f.	1921	Quadricycle 128838	Lamelle 101712
Vienne	154024	grise	1921	Régisseur 133613	Notariale 117044
Vienne	154735	noire	1921	Ostabat 123735	Orgie 123154
Vienne	154968	grise	1921	Quoin 131888	Ritournelle 136291
Viennoise	150549	noire	1921	Quesnel 129358	Raide 133449
Vierge	150537	grise	1921	Quesnel 129358	Régie 133437
Vierge	153450	noire	1921	Odieux 121492	Nasse 116786
Vierville	152834	bai-br.-f.	1921	Ouistreham 120076	Lionne 99465

NOM	N°	ROBE	Naissance	PÈRE	MÈRE
Viète	150851	noire	1921	Qotonnu 130216	Kousseine 90615
Viète	152238	noire	1921	Quadricycle 128838	Lasensive 97774
Viète	154025	grise	1921	Régisseur 133613	Qaolonnade 131930
Viète	154820	gris-foncé	1921	Russiot 133133	Guignette 72768
Vieure	152835	noire	1921	Ouistreham 120076	Quorée 130951
Vievigne	152836	gris foncé	1921	Releveur 135426	Quiloa 129653
Vigée	150878	grise	1921	Ramoneur 133946	Pica 125107
Vigée	151911	noire	1921	Kalot 92507	Licence 100047
Vigée	154026	gris-foncé	1921	Régisseur 133613	Marthe 109647
Vigée	154822	gris-foncé	1921	Russiot 133133	Raclure 136192
Vigette	151238	grise	1921	Roland 133948	Orgette 119187
Vigevano	152242	gris-foncé	1921	Roulans 134739	Proximité 126449
Vigeville	152838	gris-foncé	1921	Ouistreham 120076	Kerblanche 95342
Vigie	150777	noire	1921	Ornain 119960	Kraquette 90485
Vigie	151003	grise	1921	Pantin 124490	Kartouche 92344
Vigie	151198	grise	1921	Quasi 128865	Quanteuse 130427
Vigie	151613	noire	1921	Ops 121242	Cocotte 81806
Vigie	154967	noire	1921	Polus 126947	Nive 113020
Vigie	153452	alez.-aub.	1921	Odieux 121492	Mise 110601
Vigie	153550	gris-clair	1921	Relevant 133297	Pomponne 126791
Vigie	154445	grise	1921	Quompromis 132021	Perrière 128204
Vigigraphie	153453	gris-vin.	1921	Royal 133913	Partition 127469
Vigilance	154613	noire	1921	Ops 121242	Quintette 129180
Vigilance	153454	gris-foncé	1921	Royal 133913	Réjouissance 135409
Vigilance	154446	grise	1921	Recteur 135313	Perruche 128205
Vigilante	151347	grise	1921	Rohart 134256	Houlette 74184
Vigilante	151616	grise	1921	Rongetout 133602	Odalisque 120181
Vigilante	151693	noire	1921	Réséda 133659	Jablière 85093
Vigilante	152355	noire	1921	Komplex 91539	Noiraude 114787
Vigilante	153578	grise	1921	Marsin 109642	Léonie 102305
Vigile	150547	gris-foncé	1921	Quesnel 129358	Mistress 105629
Vigile	151618	noir-zain	1921	Redoublé 133131	Anisette 57758
Vigile	151912	gris-foncé	1921	Kalot 92507	Paniculée 124383
Vigile	152368	gris-foncé	1921	Rococo 134245	Margot 108695
Vigile	153455	bai-foncé	1921	Odieux 121492	Sésame 138925
Vigile	154448	grise	1921	Qualein 131447	Mercuriale 109726
Vigile	154823	gris-rouan	1921	Lédon 101823	Nérolienne 118395
Vigilence	151695	grise	1921	Quaduc 129371	Rosière 58544
Vignardouze	150748	alezane	1921	Nyctalope 113635	Perche 125335
Vigne	150272	noire	1921	Neuilly 112606	Plaquette 125304
Vigne	151013	grise	1921	Fier-à-Bras 65250	Nigauderie 111668
Vigne	151269	grise	1921	Rata 133599	Recepée 133073
Vigne	151627	gris-clair	1921	Ruffec 134464	Quadette 129607
Vigne	151773	grise	1921	Névrosé 113735	Galère 93320
Vigne	152456	noire	1921	Ouleux 121183	

NOM	N°	ROBE	Naissance	PÈRE	MÈRE
Vigne	153456	gris-foncé	1921	Royal 133913	Panade 127575
Vigne	154449	gris-foncé	1921	Importun 80576	Korniche 95048
Vignemale	151130	grise	1921	Quesnel 129358	Quasse 130219
Vignemale	151913	gris-cend.	1921	Rob 135906	Quapitane 129712
Vignemale	154027	grise	1921	Médisant 105527	Qlovisse 131847
Vignemale	154824	gris-foncé	1921	Lédon 101823	Rainette 136195
Vignerolle	151122	grise	1921	Rouget 134282	Kölite 95706
Vignette	150536	noire	1921	Quesnel 129358	Cime 67306
Vignette	150801	alezane	1921	Receveur 133074	Quscute 129339
Vignette	151158	gris-foncé	1921	Pantin 124490	Qulée 128927
Vigrette	151281	grise	1921	Rognon 135951	Quomédienne 131971
Vignette	151629	grise	1921	Péplum 124974	Mobilité 106862
Vignette	151959	noire	1921	Ratiau 132822	Pimpante 50397
Vignette	153460	gris-fer	1921	Quaïman 129648	Précieuse 127374
Vignette	154451	gris-foncé	1921	Quinaud 132720	Perruque 128207
Vigneture	153461	gris-cend.	1921	Rob 135906	Cartouche 50080
Vigneulle	152240	grise	1921	Polus 126947	Lasserie 101653
Vigneulle	152840	noire	1921	Ouistreham 120076	Patelle 124667
Vigneulles	150841	noire	1921	Qotonnu 130216	Système 136659
Vigneulles	154825	gris-foncé	1921	Quompromis 132021	Nation 118241
Vignole	150571	noire	1921	Quesnel 129358	Orangère 119751
Vignole	152241	gris-foncé	1921	Polus 126947	Bordelaise 66583
Vignole	152843	grise	1921	Qroisy 130286	Ouillière 124149
Vignole	154028	gris-clair	1921	Médisant 105527	Lychnide 102748
Vignole	154827	noire	1921	Panama 128415	Nerveuse 116316
Vignouze	151197	grise	1921	Quasi 128865	Pointilleuse 125554
Vigogne	151172	gris-fer	1921	Quasson 131729	Pêche 125428
Vigogne	151633	noire	1921	Péplum 124974	Hamélie 78102
Vigogne	153462	noire	1921	Quaron 130724	Labasse 103488
Vigogne	154454	gris-clair	1921	Médisant 105527	Nouille 114621
Vigoureuse	151385	noire	1921	Polus 126947	Kontenance 93607
Vigoureuse	151946	gris-clair	1921	Rococo 134245	Laviorne 97820
Vigoureuse	152623	gris-noir	1921	Marocain 107904	Margot 407613
Vigoureuse	153463	aubère	1921	Quaron 130724	Kisse 92156
Vigoureuse	153581	gris-f.-v.	1921	Pégoud 126957	Médée 109405
Vigoureuse	154197	grise	1921	Régisseur 133613	Pastinague 127926
Viguerie	153464	gris-foncé	1921	Razia 133345	Membrane 110365
Viguerie	154458	grise	1921	Romand 135963	Rognure 135950
Vigueur	153468	noir-zain	1921	Reynal 132841	Marraine 109812
Vigueur	153584	gris-clair	1921	Pégoud 126957	Vigie 51335
Vigueur	154462	gris-clair	1921	Mercy 105783	Kologne 96544
Vijelle	151243	grise	1921	Quesnel 129358	Iglotte 80020
Vilaine	150853	grise	1921	Poison 125565	Quachaitte 129384
Vilaine	151023	gris foncé	1921	Rata 133599	Quachette 130065
Vilaine	151324	gris-clair	1921	Névrosé 113735	Ravenne 133759

NOM	N°	ROBE	Naissance	PÈRE	MÈRE
Vilaine	152244	noire	1921	Polus 126947	Nef 112710
Vilaine	152844	gris-rouan	1921	Quardiff 130770	Gaffe 93399
Vilaine	154029	baie	1921	Médisant 105527	Pluvieuse 124787
Vilaine	154461	grise	1921	Merey 105783	Lucide 102686
Vilaine	154828	noire	1921	Keris 93769	Kuvette 96418
Vilainie	151024	gris foncé	1921	Rata 133599	Odalfe 120542
Vilatte	152850	gris foncé	1921	Moineau 106576	Jaunette 87990
Vilenage	154468	grise	1921	Quasson 131729	Quocaine 131857
Vilenie	151635	grise	1921	Pivert 126000	Lamelle 98858
Vilenie	153472	baie	1921	Ouvrier 119107	Pristina 127373
Vilenie	154463	grise	1921	Nichet 117897	Imola 83214
Vileté	153473	gris vin.	1921	Odieux 121492	Jonquières 88585
Vileuse	151264	grise	1921	Rouget 134282	Filense 61009
Villa	150997	grise	1921	Roes 132814	Oxygénée 120805
Villa	151936	noire	1921	Redoublé 133131	Névrite 114400
Villa	153474	gris-foncé	1921	Odieux 121492	Galipette 70467
Villa	153553	grise	1921	Komplex 91539	Biche 59251
Villa	154465	grise	1921	Quasson 131729	Igualada 83207
Villafranca	152246	noir-zain	1921	Quadricycle 128838	Ozeraille 120110
Villafranca	154031	grise	1921	Quasson 131729	Osselle 122712
Villafranca	154830	bai-brun	1921	Keris 93769	Rapière 136243
Village	150850	gris-foncé	1921	Quesnel 129358	Ritoujours 132834
Villageoise	150399	noire	1921	Psoriasis 126479	Lecture 99684
Villageoise	153478	gris-fer	1921	Merey 105783	Lissa 103403
Villaine	152047	noire	1921	Pampelune 124878	Kayenne 91959
Villaine	152250	gris-foncé	1921	Roulans 134739	Octandrie 120171
Villairres	152851	grise	1921	Releveur 135426	Kassutas 93922
Villaines	154831	gris-f.-r.	1921	Rêvasseur 135749	Kabale 96411
Villainvilla	152858	noire	1921	Moineau 106576	Quarpentarie 130736
Villamée	152859	noire	1921	Récipé 135282	Pastourelle 126538
Villanelle	154466	grise	1921	Revoyeur 135788	Orée 123144
Villanière	152861	grise	1921	Récipé 135282	Quorporation 130975
Villanova	152862	gris-foncé	1921	Récipé 135282	Risette 135063
Villardebelle	152863	grise	1921	Moineau 106576	Java 88118
Villate	152936	gris-clair	1921	Polonais 125998	Sode 139736
Ville	151165	grise	1921	Pantin 124490	Queen 130289
Ville	152938	gris-foncé	1921	Rectorat 135318	Pindare 127252
Ville	153481	gris-vin.	1921	Odieux 121492	Ruche 134482
Ville	154047	gris-foncé	1921	Régimon 134292	Nine 117246
Ville	154467	noire	1921	Quissac 130271	Lanterne 102823
Villechauve	152940	gris-foncé	1921	Régimon 134292	Oeillere 121506
Villechenêve	152942	baie	1921	Illettré 81310	Négreville 116550
Villechétive	152944	grise	1921	Mordicant 110698	Nuée 118477
Villecroze	152948	gris-foncé	1921	Recteur 135313	Luette 99926
Villefloure	152864	gris foncé	1921	Juvénal 83553	Kamchatka 95283

NOM	N°	ROBE	Naissance	PÈRE	MÈRE
Villefontaine	152865	noir-zain	1921	Négligent 112708	Greffe 72822
Villefranche	152251	gris-clair	1921	Remisier 133326	Qualcutta 130654
Villefranche	152866	grise	1921	Négligent 112708	Galbeuse 93316
Villefranche	154032	bai-clair	1921	Médisant 105527	Palmure 127689
Villefranche	154833	gris-foncé	1921	Rêvasseur 135749	Révolution 135789
Villefranque	152871	gris-foncé	1921	Quardiff 130770	Iris 82223
Villegouge	152873	noire	1921	Lichas 98731	Isola-Bella 82264
Villelaure	152874	gris-foncé	1921	Moineau 106576	Paralipomène 126999
Villèle	152252	gris-foncé	1921	Pélissier 126603	Hellade 75641
Villèle	154036	noir-m.-t.	1921	Roc 132979	Retiration 135706
Villèle	154836	gris-rouan	1921	Ostabat 123735	Otage 123905
Villelongue	152875	noire	1921	Napoléon 114031	Quiète 131117
Villemade	152881	grise	1921	Keramin 95167	Neigée 115695
Villemagne	152883	grise	1921	Lichas 98731	Charmante 78446
Villemoisson	152885	noire	1921	Lichas 98731	Mirifique 109435
Villemolaque	152886	noir-m.-t.	1921	Lichas 98731	Kali 95179
Villemomble	152887	noire	1921	Lichas 98731	Poésie 125365
Villena	152253	grise	1921	Remisier 133326	Ozeville 120104
Villena	154038	grise	1921	Quissac 130271	Quolchicine 131895
Villena	154838	gris-clair	1921	Russiot 133133	Nabote 118307
Villenauxe	152255	noire	1921	Roulans 134739	Frisette 64917
Villenauxe	152894	grise	1921	Quaron 130724	Juvénile 86882
Villenauxe	154039	grise	1921	Quissac 130271	Jactance 87174
Villenauxe	154840	gris-rouan	1921	Ostabat 123735	Goguette 72707
Villenave	152257	grise	1921	Qroisy 130286	Quoursive 130615
Villenave	152895	noire	1921	Négligent 112708	Moquette 108326
Villenave	154042	gris-foncé	1921	Quissac 130271	Okanine 120463
Villenave	154843	gris-rouan	1921	Ostabat 123735	Margarita 104855
Villeneuve	151339	grise	1921	Rhin 133506	Noire 114879
Villeneuve	152259	noire	1921	Qroisy 130286	Nitouche 112012
Villeneuve	152898	grise	1921	Quaron 130724	Nostalgie 112508
Villeneuve	154034	grise	1921	Qupidon 130054	Kazéïne 94888
Villeneuve	154043	noir-zain	1921	Quissac 130271	Observation 121384
Villeneuve	154844	grise	1921	Robespierre 134346	Panacée 128658
Villeneuve	154969	gris-foncé	1921	Quoin 131888	Mandarinette 111223
Villannes	152899	grise	1921	Quaron 130724	Qruche 131093
Villenouvelle	152902	noire	1921	Lichas 98731	Nacrée 115549
Villeperdue	152903	grise	1921	Lichas 98731	Fulgurante 98629
Villepinte	152905	noire	1921	Lichas 98731	Longitude 103346
Villerable	152907	bai-brun	1921	Négligent 112708	Oualléga 122399
Villerouge	152911	grise	1921	Lichas 98931	Kassaba 95308
Villerville	152916	grise	1921	Pégoud 126957	Héloïse 74761
Villeselve	152917	noir-m.-t.	1921	Mylord 107421	Médine 108429
Villette	150553	gris-foncé	1921	Qotonnu 130216	Néedamour 113381
Villette	152919	noire	1921	Napoléon 114031	Novella 115512

NOM	N°	ROBE	Naissance	PÈRE	MÈRE
Villeurbanne	152920	noir-m.-t.	1921	Napoléon 114031	Joute 88085
Villeurbanne	154845	noire	1921	Russiot 133133	Négation 118303
Villeuse	151637	noire	1921	Roulans 134739	Jarosse 98500
Villeuse	154469	grise	1921	Régisseur 133613	Lamia 102811
Villie	152921	noire	1921	Pégoud 126957	Engeance 63475
Villifère	153486	noire	1921	Quissac 130271	Mortrée 109751
Villosité	151638	noir-zain	1921	Rhin 133506	Rufisque 134343
Villosité	153483	gris-foncé	1921	Kagot 92240	Quollecte 131912
Villotte	152923	noire	1921	Kéramin 95167	Hilarité 77020
Vilna	150828	noire	1921	Qotonnu 130246	Kermès 90606
Vilna	150924	grise	1921	Névrosé 113735	Machine 107498
Vilna	151991	noire	1921	Polus 126947	Herbette 78058
Vilna	152261	noire	1921	Polus 126947	Malaisie 107121
Vilna	154051	noire	1921	Kagot 92240	Nisarde 117287
Vilna	154847	gris-foncé	1921	Robespierre 134346	Questche 132747
Vilosnes	152926	grise	1921	Quardiff 130770	Nice 115753
Vimaire	153487	noire	1921	Quissac 130271	Cigarette 54835
Vimère	151639	noire	1921	Quadricycle 128838	Julie 84674
Vimère	154471	grise	1921	Romand 135963	Perte 128223
Viminal	152265	noire	1921	Péplum 124974	Merlette 107768
Vimines	152927	gris-foncé	1921	Quardiff 130770	Olargue 122432
Vimini	150572	grise	1921	Quesnel 129358	Sergette 137400
Vimy	150545	noire	1921	Quesnel 129358	Roche 134234
Vimy	152264	gris clair	1921	Pélissier 126603	Merlette 106412
Vina	151232	grise	1921	Qokala 129350	Pucette 125059
Vinage	151273	noire	1921	Pantin 124490	Ouvrière 120723
Vinaigrerie	153492	gris foncé	1921	Quissac 130271	Miranda 106137
Vinaigrette	151231	grise	1921	Quaduc 129371	Historique 98083
Vinaigrette	151359	gris-rouan	1921	Rohart 134256	Lignite 99812
Vinasse	151645	bai-brun	1921	Rhin 133506	Oute 121172
Vinasse	151697	grise	1921	Rhin 133506	Opposée 120435
Vinasse	153494	gris-foncé	1921	Rectorat 135318	Rose 133882
Vinasse	154475	grise	1921	Quotient 129087	Romanesque 135964
Vincelles	152929	grise	1921	Quardiff 130770	Lente 101424
Vincelotte	152932	gris-foncé	1921	Quardiff 130770	Faribole 87716
Vincenette	150740	grise	1921	Quanevas 129730	Orangère 119378
Vincennes	150848	grise	1921	Neuilly 112606	Semaison 137309
Vincennes	152262	noire	1921	Polus 126947	Géline 70501
Vincennes	152952	grise	1921	Kéramin 95167	Niaiserie 115752
Vincennes	154053	gris-foncé	1921	Reynal 132841	Mignonnette 110529
Vincennes	154849	gris-tr.-f.	1921	Rectal 135311	Rinette 135865
Vindélicie	154056	grise	1921	Nérac 112728	Quorbinière 132288
Vindélicie	154850	gris-foncé	1921	Panama 128415	Pitande 128412
Vindelle	152953	noire	1921	Ops 121242	Qualité 128934
Vindicative	153495	noire	1921	Rectoral 135318	Génésique 69089

NOM	N°	ROBE	Naissance	PÈRE	MÈRE
Vindicte	151646	bai-brun	1921	Rhin 133506	Isba 81346
Vindicte	151673	grise	1921	Quaduc 129371	Quarie 129744
Vindicte	153497	gris-fer	1921	Obus 121402	Lavande 100032
Vindicte	154476	grise	1921	Régisseur 133613	Ruelle 134349
Vine	150869	gris-foncé	1921	Quesnel 129358	Kine 91691
Vinée	151704	grise	1921	Rhin 133506	Olace 120235
Vinée	153498	gris-foncé	1921	Mercy 105783	Rénale 135547
Vinelle	151948	gris-clair	1921	Rococo 134245	Konfite 93567
Vinette	150593	gris-foncé	1921	Pouff 124218	Piepouille 125735
Vinette	150370	grise	1921	Rongetout 133602	Bijou 69233
Vinette	151649	grise	1921	Rongetout 133602	Rapière 132937
Vinette	151705	grise	1921	Rhin 133506	Quorsetière 130567
Vinette	151976	gris-tr.-f.	1921	Komplex 91539	Olive 121210
Vinette	153501	noir-m.-t.	1921	Médisant 105527	Stade 139238
Vinette	153579	grise	1921	Marsin 109642	Pâquerette 126795
Vinette	154478	gris-foncé	1921	Romand 135963	Fugue 98621
Vinette	154861	noire	1921	Ruffec 133875	Ourdye 120945
Vineuse	152954	noire	1921	Ops 121242	Koinctes 95145
Vineuse	153502	noire	1921	Médisant 105527	Pervenche 124964
Vingrée	151246	noir-zain	1921	Neuilly 112606	Nessa 114183
Vingtaine	151651	gris-foncé	1921	Rongetout 133602	Radegonde 134541
Vingtdeux	151475	noire	1921	Ramassetout 133573	Rétine 134051
Vingtième	151652	grise	1921	Kalot 92507	Célinette 62314
Vinosité	151374	noire	1921	Qroisy 130286	Orsova 119972
Vinosité	154481	gris-foncé	1921	Romand 135963	Quille 134040
Vintimille	152266	grise	1921	Quadricycle 128838	Roquecourbe 134695
Vintimille	154059	gris-foncé	1921	Quitus 130149	Napée 117145
Vintimille	154852	gris-f.-r.	1921	Ratapoil 135870	Rébellion 136210
Vinzelles	152955	noire	1921	Ops 121242	Pédale 124837
Viola	151105	noire	1921	Pantin 124490	Nikaly 114943
Violaine	152957	noire	1921	Ops 121242	Néantise 115657
Violane	151347	noire	1921	Komplex 91539	Quolombe 130862
Violarice	150943	noire	1921	Pantin 124490	Lime 98038
Violation	151376	noire	1921	Redoublé 133431	Kommode 94981
Violâtre	151377	noire	1921	Redoublé 133431	Louvette 99921
Viole	153508	gris-fer	1921	Nérac 112728	Remoulade 135534
Viole	154485	gris-fer	1921	Médisant 105527	Panémone 127731
Violée	151117	gris-rouan	1921	Kagot 92240	Octi 120799
Violence	151380	noire	1921	Quadricycle 128838	Navaja 113950
Violence	153512	noir-zain	1921	Quitus 130149	Quompote 132013
Violence	154486	bai-brun	1921	Médisant 105527	Quorvette 132292
Violente	151330	noire	1921	Roland 133948	Roulade 134443
Violette	150275	grise	1921	Quaduc 129371	Retirure 134062
Violette	150353	noire	1921	Remords 133354	Ribaude 134127
Violette	150709	gris-foncé	1921	Fier-à-Bras 65250	Médine 106119

NOM	N°	ROBE	Naissance	PÈRE	MÈRE
Violette	150757	grise	1921	Quanevas 129730	Goguette 97129
Violette	150844	noire	1921	Ramoneur 133946	Rizée 133132
Violette	150895	grise	1921	Pélissier 126603	Inégalité 79889
Violette	151083	gris-fer	1921	Fier-à-Bras 65250	Oignonnade 121544
Violette	151381	gris-foncé	1921	Pampelune 124878	Quanourgue 130712
Violette	151456	grise	1921	Japon 84819	Made 108665
Violette	151596	gris-foncé	1921	Rohart 134256	Motricité 106960
Violette	151722	grise	1921	Névrosé 113735	Quarinthie 130773
Violette	151795	noir-zain	1921	Ramassetout 133573	Nume 111903
Violette	152029	noire	1921	Péplum 124974	Minute 107864
Violette	152745	noir-m.-t.	1921	Roquefavour 133887	Petite 128777
Violette	153197	baie	1921	Quissac 130271	Jopère 86484
Violette	153518	gris-foncé	1921	Razia 133345	Rasade 132952
Violette	153554	noire	1921	Komplex 91539	Marguerite 109086
Violette	153815	noir-m.-t.	1921	Kourlis 95894	Kapucine 97486
Violette	154060	grise	1921	Quasson 131729	Jauge 87218
Violette	154315	gris-foncé	1921	Keris 93769	Océana 122953
Violette	154489	gris-bleu	1921	Médisant 105527	Harabernare 76632
Violette	154718	gris-foncé	1921	Nétlier 141919	Larue 102867
Violine	151160	bai-brun	1921	Névrosé 113735	Quérlette 130250
Violine	151653	noire	1921	Ouistreham 120076	Négrerie 111926
Violine	153514	gris-foncé	1921	Razia 133345	Potence 128729
Violine	154491	grise	1921	Réserviste 135650	Pictones 124702
Violle	152058	noir-zain	1921	Ops 121242	Gaillarde 87654
Vione	151208	grise	1921	Quadue 129371	Cousine 59523
Vionette	151209	grise	1921	Quadue 129371	Naffe 114943
Viorne	150794	noire	1921	Qotonnu 130216	Rosina 133215
Viorne	151654	gris-tr.-f.	1921	Polus 126947	Neutralité 114301
Viorne	151950	noire	1921	Rafiau 132822	Quastalie 130805
Viorne	153595	noire	1921	Quaïman 129648	Négation 116872
Viorne	154494	grise	1921	Quasson 131729	Perdrix 66805
Vipère	151660	noire	1921	Pampelune 124878	Lavine 100878
Vipère	151731	noire	1921	Fier-à-Bras 65250	Norique 113276
Vipère	153596	baie	1921	Quaïman 129648	Raison 134924
Vipère	154495	grise	1921	Réserviste 135650	Jabesh 87368
Vipéride	151663	gris-tr.-f.	1921	Redoublé 133131	Orogénie 121014
Vipérine	151323	noire	1921	Fier-à-Bras 65250	Gada 71429
Vipérine	151507	noire	1921	Polus 126947	Mitraille 106848
Vipérine	151662	noire	1921	Kalot 92507	Nancelle 114494
Vipérine	154496	grise	1921	Réserviste 135650	Pétition 128248
Vique	152220	noir-zain	1921	Ouistreham 120076	Herma 97146
Vique	154006	grise	1921	Régisseur 133613	Ode 121155
Vique	154818	gris-rouan	1921	Québec 132753	Morphine 110748
Vira	152960	noire	1921	Kalot 92507	Nébulosité 115661
Virage	150675	gris-foncé	1921	Ramassetout 133573	Padilla 125408

NOM	N°	ROBE	Naissance	PÈRE	MÈRE
Virago	151658	noire	1921	Pampelune 124878	Quatalani 130822
Virago	151690	grise	1921	Rhin 133506	Quorsée 130566
Virago	153598	noir-zain	1921	Quaïman 129648	Négatoire 116873
Virago	154498	grise	1921	Revoyeur 135788	Mangle 140234
Virandeville	152961	noir-zain	1921	Moineau 106576	Genillotte 70059
Virargue	152962	noire	1921	Ops 121242	Houle 76333
Vire	150538	grise	1921	Quesnel 129358	Korniche 89834
Vire	151661	noire	1921	Pampelune 124878	Nini 115624
Vire	152267	noire	1921	Quadricycle 128838	Larougerie 101674
Vire	152963	noire	1921	Névrosé 113735	Kiroule 95320
Vire	153599	noire	1921	Quaïman 129648	Kichinef 96454
Vire	154065	gris-foncé	1921	Quasson 131729	Quobéa 131853
Vire	154854	gris-foncé	1921	Kerdrain 95437	Péniche 128132
Virelade	152966	noire	1921	Kerannin 95167	Omessa 122451
Virescence	153601	grise	1921	Rapide 134867	Pure 127408
Virette	150942	noire	1921	Pantin 124490	Quivrette 129998
Vireuse	150666	grise	1921	Qokala 129350	Quitta 129182
Vireuse	151665	gris-vin.	1921	Rectal 135311	Messaline 107353
Vireuse	153604	grise	1921	Rapide 134867	Opale 121745
Virevole	153605	gris-foncé	1921	Razia 133345	Putride 127411
Virevole	154504	gris-foncé	1921	Romand 135963	Résure 135687
Virevolte	151517	noire	1921	Quanevas 129730	Norme 114828
Virevolte	153606	noir-zain	1921	Razia 133345	Massive 109845
Virgile	152272	noir-zain	1921	Fier-à-Bras 65250	Latrine 100034
Virgile	154855	gris-foncé	1921	Obstructif 120705	Osaka 123924
Virginie	150753	grise	1921	Quaduc 129371	Mascotte 107254
Virginie	150845	noire	1921	Poison 125565	Racle 133922
Virginie	151007	noire	1921	Fier-à-Bras 65250	Isbillette 80019
Virginie	151311	alezan-br.	1921	Reichs 133996	Statuette 57760
Virginie	151392	noir-m.-t.	1921	Regnault 133715	Quaillasse 129645
Virginie	152043	noir-zain	1921	Québec 131267	Goguette 72566
Virginie	152273	gris-clair	1921	Moineau 106576	France 61653
Virginie	152356	noire	1921	Komplex 91539	Orpheline 121458
Virginie	154068	grise	1921	Mercy 105783	Quoite 131887
Virginie	154508	grise	1921	Qualcin 131447	Rivure 135909
Virginie	154863	grise	1921	Rameur 136245	Oeillette 123946
Virginité	150490	noire	1921	Quesnel 129358	Pagode 124199
Virgo	151217	grise	1921	Nyctalope 113635	Krassule 91397
Virgouleuse	154509	gris-foncé	1921	Rinceur 135862	Mandoline 104794
Virgule	151395	noir-m.-t.	1921	Ornain 119960	Officielle 118856
Virgule	151597	gris-clair	1921	Rohart 134256	Ninette 112518
Virgule	151929	noire	1921	Komplex 91539	Ballottage 67817
Virgule	152633	noire	1921	Recueil 133111	Jeannine 93379
Virgule	153563	noire	1921	Nocturnal 112023	Olive 122623
Virgule	153612	baie	1921	Obus 121402	Lysantre 98849

NOM	N°	ROBE	Naissance	PÈRE	MÈRE
Virgule	154510	gris-vin.	1921	Rêvasseur 135749	Bijou 84471
Viriathe	152278	noire	1921	Reichs 133996	Navrante 113961
Viriathe	154070	grise	1921	Quasson 131729	Laplume 102860
Viriathe	154865	gris-foncé	1921	Quompromis 132021	Retorse 135715
Viricelle	152971	gris-pom.	1921	Kéramin 95167	Pavia 127075
Virile	150800	grise	1921	Qotonnu 130216	Manivelle 103331
Virile	151397	grise	1921	Ruffec 134464	Oille 120228
Virilité	150965	grise	1921	Quissac 130271	Chopine 64017
Viriville	152972	noire	1921	Mylord 107421	Rase 135174
Virole	151101	noire	1921	Mordicant 110698	Pimbêche 127249
Virole	151400	bai-brun	1921	Lumineux 100865	Pélagie 124844
Virole	151799	noir-m.-t.	1921	Qotonnu 130216	Martha 108354
Virole	153613	gris-fer-f.	1921	Ohus 121402	Bichette 75214
Virtuelle	151401	noire	1921	Lumineux 100865	Raymonde 134353
Virtuosité	151320	gris-foncé	1921	Fier-à-Bras 65250	Ombrée 120253
Virule	151057	gris-foncé	1921	Qupidon 130054	Nomination 115832
Virulence	151402	noire	1921	Piombino 127259	Ornée 121468
Virulence	151692	noir-zain	1921	Quaduc 129371	Nicomède 112612
Virulente	151154	bai-chât.	1921	Névrosé 113735	Katine 92689
Virure	153614	baie	1921	Quaron 130724	Nulle 115937
Virure	154514	grise	1921	Keris 93769	Judée 98529
Virville	152965	gris-foncé	1921	Mylord 107421	Ravenelle 132970
Vis	153615	grise	1921	Rorqual 135998	Marginale 110949
Visage	154515	grise	1921	Keris 93769	Piane 128296
Visavis	151003	noir-zain	1921	Fier-à-Bras 65250	Lamproie 97862
Viscache	151404	noire	1921	Lumineux 100865	Mélinite 106518
Viscache	153616	noire	1921	Quaïman 129648	Margot 110950
Viscache	154516	noire	1921	Rosbif 135493	Olive 123982
Viscérale	153618	noir-rub.	1921	Rapide 134867	Péluse 127112
Viscosité	151405	gris-clair	1921	Lumineux 100865	Orchidée 119395
Viscosité	153619	noire	1921	Rorqual 135998	Quarderonne 131695
Visée	150586	grise	1921	Nyctalope 113635	Souffrette 136528
Visée	151136	grise	1921	Qotonnu 130216	Gigogne 69871
Visée	151406	grise	1921	Roussin 134466	Rubace 134028
Visée	153620	gris-rouan	1921	Rorqual 135998	Nécromancie 117633
Visette	150453	grise	1921	Quatalpa 129873	Qlose 130142
Viseuse	153622	grise	1921	Razia 133343	Karmante 97650
Visibilité	153623	gris-foncé	1921	Reflux 135348	Incendiaire 83522
Visière	151235	noir-zain	1921	Roland 133948	Isère 80836
Visière	151408	noire	1921	Roussin 134466	Sève 137436
Visière	151495	noir-zain	1921	Ratian 132822	Copule 93639
Visière	153625	grise	1921	Quaron 130724	Missive 108256
Visière	154520	grise	1921	Robespierre 134346	Muraie 110861
Vision	150583	noire	1921	Rhin 133506	Plainte 125981
Vision	151944	noire	1921	Redoublé 133131	Konstance 93596

NOM	N°	ROBE	Naissance	PÈRE	MÈRE
Vision	152280	noire	1921	Quadricycle 128838	Machine 107505
Vision	154074	noire	1921	Quasson 131729	Métromanie 108484
Vision	154521	grise	1921	Russiot 133133	Noire 117962
Vision	154869	noire	1921	Roshif 135493	Ida 82667
Visitandine	150606	grise	1921	Poison 125565	Knt 92164
Visitandine	150737	grise	1921	Nyctalope 113635	Rapie 133487
Visitandine	152282	gris-foncé	1921	Remisier 133326	Quoquerie 130469
Visitandine	154075	grise	1921	Quasson 131729	Pharmacie 128266
Visitandine	154522	noire	1921	Russiot 133133	Musique 110893
Visitandine	154870	noir-m.-t.	1921	Ruffec 133875	Ogresse 123926
Visitation	151411	gris-clair	1921	Roussin 134466	Persuasive 125643
Visitation	152283	gris-foncé	1921	Quadricycle 128838	Quonvertie 130472
Visitatis	151251	grise	1921	Quissac 130271	Officieuse 122918
Visite	150936	grise	1921	Rata 133599	Herse 74103
Visite	150988	bai-chât.	1921	Ramassetout 133573	Nitouche 111622
Visite	151731	grise	1921	Névrosé 113735	Latente 100673
Visite	154524	grise	1921	Russiot 133133	Kouka 97349
Visitée	151133	grise	1921	Poison 125565	Immortelle 80385
Visiteuse	150607	grise	1921	Poison 125565	Galère 71343
Visiteuse	151415	grise	1921	Ornain 119960	Ozocérite 119616
Visiteuse	153629	noire	1921	Razia 133345	Karkof 96181
Visme	152973	gris-foncé	1921	Mylord 107421	Rareté 135172
Visqueuse	151670	noir-zain	1921	Qokala 129350	Mucosité 105602
Visqueuse	151700	grise	1921	Quanevas 129730	Nase 114118
Visqueuse	153630	gris-rouan	1921	Quaiman 129648	Jeunesse 88698
Visqueuse	154527	grise	1921	Ostabat 123735	Morsure 110749
Vissée	151018	grise	1921	Rocs 132814	Paméla 124409
Visseiche	152974	noire	1921	Pégoud 126957	Pavie 127076
Visserie	151416	noir-m.-t.	1921	Ornain 119960	Olynthe 119725
Visserie	153631	noire	1921	Rapide 134867	Querelle 131699
Visserie	154526	noire	1921	Ostabat 123735	Quératite 132453
Vistule	150596	gris-foncé	1921	Pouff 124218	Quatherine 129298
Vistule	150742	grise	1921	Rhin 133506	Napée 114954
Vistule	150825	noire	1921	Quesnel 129358	Invitée 79224
Vistule	151053	gris-foncé	1921	Rocs 132814	Magendie 105927
Vistule	152284	noire	1921	Quadricycle 128838	Nullité 112926
Vistule	152353	noire	1921	Pampelune 124878	Redentée 133126
Vistule	154076	grise	1921	Quasson 131729	Orchie 123435
Vistule	154871	gris-foncé	1921	Lédon 101823	Juliange 87910
Visuelle	150601	noire	1921	Qokala 129350	Anisette 55908
Visuelle	151417	noire	1921	Regnault 133719	Planchette 125992
Visuelle	153632	noire	1921	Razia 133345	Nécropole 116863
Visuelle	154528	grise	1921	Robespierre 134346	Mactha 104789
Vita	150333	noire	1921	Rongetout 133602	Kamerlingue 90683
Vitale	151418	grise	1921	Regnault 133719	Pampelune 124940

NOM	N°	ROBE	Naissance	PÈRE	MÈRE
Vitale	154529	noire	1921	Russiot 133133	Orélia 122965
Vitalie	150461	grise	1921	Quêteur 129815	Natoire 114605
Vitaline	150799	gris-foncé	1921	Qotonnu 130216	Koriquette 95078
Vitalité	151120	noire	1921	Fier-à-Bras 65250	Pairie 127650
Vitalité	151419	noire	1921	Lumineux 100865	Martigue 107298
Vitalité	153634	baie	1921	Razia 133345	Quérémonie 131703
Vitalité	154530	grise	1921	Robespierre 134346	Nervure 117873
Vitanova	150338	grise	1921	Psoriasis 126479	Nostrome 114542
Vite	151994	gris-foncé	1921	Reynal 132844	Mienne 110518
Vite	154534	grise	1921	Raymond 133714	Pleure 128480
Vitelline	150503	grise	1921	Quadue 129371	Médisance 105808
Vitelline	151420	noire	1921	Ornain 119960	Ondoyante 118980
Vitelline	154535	noire	1921	Rubricateur 136066	Joliette 85160
Vitelotte	151424	gris-foncé	1921	Ornain 119960	Neigeuse 113876
Vitelotte	153637	gris-foncé	1921	Razia 133345	Ostracite 121799
Vitelotte	154538	grise	1921	Ostabat 123735	Nièce 113764
Viterbe	152287	noire	1921	Remisier 133326	Océanienne 120159
Viterbe	152975	gris-foncé	1921	Pégoud 126957	Nivelette 115809
Viterbe	154079	gris-foncé	1921	Régisseur 133613	Jubine 54221
Viterbe	154872	gris-foncé	1921	Ruffec 133875	Quarante 132630
Viterne	152976	bai-br.-f.	1921	Pégoud 126957	Noceta 115439
Vitesse	150325	noire	1921	Quatalpa 129873	Relâche 133285
Vitesse	150947	grise	1921	Quissac 130271	Nîme 117241
Vitesse	151425	grise	1921	Lumineux 100865	Galopette 70194
Vitesse	151514	gris-fer	1921	Rameau 133704	Margot 107554
Vitesse	151965	grise	1921	Polus 126947	Nonuotte 113272
Vitesse	154993	bai-brun	1921	Ouistreham 120076	Joufflue 86951
Vitesse	153638	noire	1921	Quaïman 129648	Lasouris 99023
Vitesse	154539	grise	1921	Rubricateur 136066	Suèvre 139877
Viticulture	153642	noire	1921	Razia 133345	Jubile 88079
Vitonnière	153643	gris-foncé	1921	Razia 133345	Nageoire 116749
Vitonnière	154549	grise	1921	Rossignol 136323	Livourne 99637
Vitorbe	150497	grise	1921	Receveur 133074	Pote 126102
Vitoria	152288	noire	1921	Remisier 133326	Ormille 121009
Vitoria	154873	noire	1921	Rosbif 135493	Paresse 128671
Vitre	151426	grise	1921	Lumineux 100865	Kalville 90657
Vitre	153645	grise	1921	Qualcin 131447	Ration 135461
Vitre	154543	grise	1921	Robespierre 134346	Décidée 51283
Vitrée	154545	grise	1921	Rossignol 136323	Quota 132466
Vitrée	154876	noire	1921	Rosbif 135493	Oudenarde 123496
Vitrerie	151427	grise	1921	Lumineux 100865	Nérité 113845
Vitrerie	153646	grise	1921	Quaron 130724	Padouane 127583
Vitreria	154546	noire	1921	Ostabat 123735	Islande 96858
Vitreuse	153647	grise	1921	Razia 133345	Jennie 93286
Vitrière	151429	gris-vin.	1921	Ornain 119960	Clairette 68799

NOM	N°	ROBE	Naissance	PÈRE	MÈRE
Vitrière	153648	noire	1921	Kalidun 95297	Rasade 135462
Vitrière	154541	noire	1921	Russiot 133133	Misnie 110056
Vitrine	151430	noire	1921	Polus 126947	Ruth 134791
Vitrine	153649	grise	1921	Kalidun 95297	Hardie 93329
Vitrine	154551	noir-zain	1921	Rouloul 136019	Olme 123607
Vitriolée	153650	noire	1921	Ouleux 121183	Ornaie 121828
Vitrolle	152289	gris-tr.-f.	1921	Remisier 133326	Narcose 113999
Vitrolle	154081	gris foncé	1921	Nichet 117897	Pêcheuse 128065
Vitrolle	154879	noir-zain	1921	Lédon 101823	Payse 128043
Vitruve	152290	noire	1921	Quirat 128885	Narine 114003
Vitruve	154082	grise	1921	Mercy 105783	Laserre 102873
Vitruve	154880	noire	1921	Rameur 136245	Sausse 139484
Vittarville	152980	noire	1921	Moineau 106576	Mélopée 107170
Vitte	150929	gris-foncé	1921	Rata 133599	Orageuse 61524
Vittébien	150913	gris-vin.	1921	Rata 133599	Juponne 85989
Vittel	151286	noir-zain	1921	Fier-à-Bras 65250	Insanité 78780
Vittonville	152981	grise	1921	Moineau 106576	Parallèle 127000
Vittoria	152293	noire	1921	Qroisy 120286	Hachette 73975
Vittoria	154083	noire	1921	Nérac 112728	Pantoufle 127769
Vittoria	154881	noire	1921	Rosbif 135493	Offignie 123563
Vivace	151077	noire	1921	Qupidon 130054	Qualita 130099
Vivace	151434	grise	1921	Quadricycle 128838	Hexandrie 75687
Vivace	152435	noir-zain	1921	Quadricycle 128838	Orthodoxie 122088
Vivace	153655	gris-foncé	1921	Razia 133345	Ouvrière 121855
Vivace	154556	grise	1921	Rouloul 136019	Polka 54455
Vivacité	151736	grise	1921	Nitrate 114699	Jacqueline 98439
Vivacité	153658	noire	1921	Kalidun 95297	Isolée 79141
Vivacité	154295	noir-zain	1921	Quinaud 132720	Pagale 127619
Vivaise	152983	grise	1921	Kalot 92507	Impie 82316
Vivandière	151372	grise	1921	Rata 133599	Jason 84602
Vivandière	151737	grise	1921	Quardiff 130770	Onde 122458
Vivandière	152003	grise	1921	Rafiau 132822	Hénissante 77461
Vivandière	152294	gris-foncé	1921	Remisier 133326	Loutre 103288
Vivandière	152984	grise	1921	Malplaquet 107145	Poltava 127283
Vivandière	153573	gris-clair	1921	Marsin 109642	Nitouche 116259
Vivandière	153660	noir-zain	1921	Kalidun 95297	Kabylie 93929
Vivandière	154085	noir-zain	1921	Quompromis 132021	Irène 82071
Vivandière	154883	noire	1921	Ostabat 123735	Ollioule 123606
Vivante	150262	grise	1921	Pouf 124218	Mandille 107938
Vivante	154793	grise	1921	Ramassetout 133573	Rébecca 133574
Vive	150548	noire	1921	Quesnel 129358	Herminie 74523
Vive	151610	noire	1921	Redoublé 133131	Quadenette 129605
Vive	151739	noire	1921	Pampelune 124878	Kabanage 92433
Vive	151772	noire	1921	Quadricycle 128838	Souris 138060
Vive	153454	gris-foncé	1921	Odieux 124492	Lasagne 103721

NOM	N°	ROBE	Naissance	PÈRE	MÈRE
Vive	153661	grise	1921	Kalidun 95297	Gachette 73116
Vive	154443	noire	1921	Quitus 130149	Molette 110004
Vive	154559	grise	1921	Rossignol 136323	Quoriace 132244
Vivette	151185	grise	1921	Quarteron 128953	Polkette 128772
Vivette	152025	grise	1921	Péplum 124974	Ivette 98074
Viviane	152350	noir-zain	1921	Komplex 91539	Laqueuille 101549
Vivière	152989	gris-foncé	1921	Oder 121578	Régale 134286
Viville	152993	grise	1921	Malplaquet 107145	Prison 127369
Vivipare	151070	grise	1921	Rob 135906	Canadienne 69138
Vivonne	150857	noire	1921	Réséda 133659	Kyste 89686
Vivonne	152295	gris-foncé	1921	Qroisy 130286	Qualifornie 130658
Vivonne	152994	gris-noir	1921	Malplaquet 107145	Nouméa 116451
Vivonne	154086	noire	1921	Quompromis 132021	Lamaltière 102782
Vivonne	154886	noire	1921	Russiot 133133	Orthographe 123209
Vivrée	151741	grise	1921	Pampelune 124878	Jaca 85550
Vivrée	154562	grise	1921	Russiot 133133	Limonade 103799
Vivrière	153663	noir-zain	1921	Quaïman 129648	Lépreuse 104121
Vivrière	154563	grise	1921	Ostabat 123735	Nivéenne 117934
Vizière	151229	gris-foncé	1921	Rognon 135951	Pocharde 125119
Vizille	150594	noire	1921	Pouff 124218	Livonienne 98982
Vizille	152297	noire	1921	Pampelune 124878	Surséance 138313
Vizille	152997	bai-marr.	1921	Malplaquet 107145	Maurelle 109901
Vizille	154090	noire	1921	Quompromis 132021	Trompeuse 68027
Vizille	154887	gris-foncé	1924	Rouloul 136019	Naziange 117179
Vocale	151297	grise	1921	Rognon 135951	Mosaïque 105748
Vocale	151742	noire	1921	Pampelune 124878	Ogive 122240
Vocale	153664	noire	1921	Quaïman 129648	Susville 139892
Vocale	154564	grise	1921	Russiot 133133	Quoala 132465
Vocalise	151743	noire	1921	Pampelune 124878	Kraiona 91620
Vocalise	153665	noire	1921	Radeau 134903	Jennette 88733
Vocalise	154565	grise	1921	Ostabat 123735	Moulue 110803
Vocance	153001	noire	1921	Malplaquet 107145	Laxative 99665
Vocasse	151252	noir-zain	1921	Quissac 130271	Oille 121551
Vocation	151744	gris-foncé	1921	Kalot 92507	Konstitution 91571
Vocation	153666	noire	1921	Quaïman 129648	Passerage 124897
Vocation	154567	noire	1921	Quornaro 130969	Kaponne 97470
Vociférante	151749	alez.-dor.	1921	Ombon 121608	Querelle 132689
Vodable	153002	grise	1921	Malplaquet 107145	Régale 135369
Vodena	152298	gris-foncé	1921	Pampelune 124878	Grillonne 69818
Vodena	154091	grise	1921	Mercy 105783	Jaserie 87213
Vodena	154888	gris-foncé	1921	Ruffée 133875	Luna 104481
Vodka	150460	grise	1921	Quêteur 129815	Margot 61338
Voghera	152300	noire	1921	Pampelune 124878	Mozette 106955
Voghera	154889	noire	1921	Quompromis 132021	Ramée 136238
Vogue	152037	gris-clair	1921	Pampelune 124878	Quiestède 128873

NOM	N°	ROBE	Naissance	PÈRE	MÈRE
Vogue	153668	grise	1921	Klocher 95657	Garcette 72745
Vogue	154571	grise	1921	Russiot 133133	Plaideuse 128438
Vogue	154891	noire	1921	Keris 93769	Bertine 56085
Voguette	152033	baie	1921	Komplex 91539	Puissance 126508
Voie	150561	noire	1921	Nyctalope 113635	Rigolette 53649
Voie	150944	grise	1921	Quissac 130271	Pègre 124809
Voie	153672	grise	1921	Quaïman 129648	Hachette 77967
Voile	152039	noire	1921	Juvénal 83553	Eudoxie 64424
Voile	153673	grise	1921	Quaïman 129648	Outarde 123294
Voile	154576	noire	1921	Polonais 125998	Jugeotte 88987
Voilée	150631	grise	1921	Rhin 133506	Sarah 56767
Voilée	154577	grise	1921	Robespierre 134346	Moustille 110817
Voilerie	153524	grise	1921	Remonteur 134855	Rosâtre 135481
Voilerie	154579	grise	1921	Rubricateur 136066	Route 136030
Voilerie	154581	noire	1921	Raymond 133714	Gautoise 71441
Voilette	150635	grise	1921	Quaduc 129371	Brillante 65545
Voilette	152034	grise	1921	Komplex 91539	Nitrière 114747
Voilette	153525	noire	1921	Kourlis 95894	Nigotine 118587
Voilette	154582	gris-clair	1921	Russiot 133133	Quadrilobée 132478
Voilure	153526	gris-foncé	1921	Rosbif 135493	Pileuse 128335
Voilure	154583	grise	1921	Robespierre 134346	Linotte 103831
Voirie	153527	noire	1921	Rosbif 135493	Rossinante 135494
Voirie	154584	grise	1921	Russiot 133133	Kale 97393
Voise	152998	noire	1921	Néflier 111949	Sinologie 137525
Voisine	150849	gris-foncé	1921	Neuilly 112606	Harche 76710
Voisine	151519	grise	1921	Quanevas 129730	Gobinette 71560
Voisine	151921	noir-zain	1921	Rafiau 132822	Oreste 121262
Voisine	152312	gris-foncé	1921	Pampelune 124878	Orpheline 120582
Voisine	152636	noire	1921	Ops 121242	Mélusine 109352
Voisine	152999	noire	1921	Mordicant 110698	Pompadour 127298
Voisine	154587	grise	1921	Polonais 125998	Rubiconde 136055
Voisine	154896	gris-foncé	1921	Ruffec 133875	Sorbière 139772
Voitise	150703	noir-zain	1921	Fier-à-Bras 65250	Cora 53107
Voiture	150248	noire	1921	Ops 121242	Quémandeuse 63300
Voiture	150581	noire	1921	Receveur 133074	Olive 120307
Voiture	151520	grise	1921	Quanevas 129730	Miche 106768
Voiture	152302	gris-clair	1921	Péplum 124974	Hachette 78073
Voiture	152947	noire	1921	Ops 121242	Sementine 138368
Voiture	153531	grise	1921	Rosbif 135493	Nerva 118497
Voiture	154092	grise	1921	Mercy 105783	Joliette 64547
Voiture	154899	noire	1921	Ruffec 133875	Licorne 104444
Voiturette	150249	gris-tr.-cl.	1921	Moineau 106576	Circé 59772
Voiturette	152046	noire	1921	Quadricycle 128838	Jacobite 87962
Voïvodie	152045	gris-clair	1921	Ops 121242	Mercedona 107086
Voïvodie	154588	noire	1921	Russiot 133133	None 117986

NOM	N°	ROBE	Naissance	PÈRE	MÈRE
Voivre	153000	noir - zain	1921	Malplaquet 107145	Mineure 110568
Voix	151708	grise	1921	Rétiaire 134044	Norvège 114905
Voix	152304	gris-foncé	1921	Pampelune 124878	Naïve 114016
Voix	153532	noire	1921	Rosbif 135493	Kiésérite 96306
Voize	151266	noir-rub.	1921	Rouget 134282	Oizelle 120692
Volage	151163	grise	1921	Névrosé 113735	Onction 120504
Volage	152049	gris-vin.	1921	Rohart 134256	Jactance 84191
Volaille	150290	noir-zain	1921	Pouff 124218	Jacinthe 83676
Volaille	152050	grise	1921	Rohart 134256	Harmonie 74092
Volaille	153534	bai-marr.	1921	Rosbif 135493	Rosée 135485
Volante	151016	grise	1921	Roes 132814	Perruche 124407
Volante	151214	grise	1921	Quadue 129371	Ortige 119105
Volante	152051	grise	1921	Nyctalope 113635	Quennédie 129539
Volatile	152053	grise	1921	Ornain 119960	Kastagnette 91111
Volatilité	152055	grise	1921	Rohart 134256	Quapuche 129490
Volcanique	152056	grise	1921	Rohart 134256	Gambie 69431
Volcanite	152057	grise	1921	Regnault 133719	Jérémiade 83847
Volcanite	153789	grise	1921	Remonteur 134855	Martelette 111250
Volcanite	154593	noire	1921	Quornaro 130969	Ingénue 82805
Volce	152305	gris-foncé	1921	Pampelune 124878	Raconteuse 134846
Volce	154900	noire	1921	Keris 93769	Pastenade 127924
Vole	152058	noir - zain	1921	Ornain 119960	Ostade 119799
Vole	153794	noir-m.-t.	1921	Polonais 125998	Qlusie 131850
Vole	154594	grise	1921	Robespierre 134346	Litterine 103883
Volée	152059	grise	1921	Ornain 119960	Ocellation 148808
Volée	153751	noir-m.-t.	1921	Kourlis 95894	Osmanie 123474
Volette	150598	grise	1921	Rognon 135951	Quomédy 129046
Volette	152030	noire	1921	Komplex 91539	Olette 121206
Volette	152060	noire	1921	Ornain 119960	Ocelle 118809
Volette	153884	gris-foncé	1921	Polygone 125447	Ivoire 81237
Volette	154595	grise	1921	Robespierre 134346	Rubrique 136065
Volga	150577	noire	1921	Raccord 132787	Mire 106327
Volga	151134	noire	1921	Poison 125565	Meurette 106105
Volga	151801	grise	1921	Ramassetout 133573	Récidive 133478
Volga	154997	noire	1921	Ratiau 132822	Noirceur 114785
Volga	152308	gris-rouan	1921	Quardiff 130770	Italie 82106
Volga	154093	gris-foncé	1921	Quompromis 132021	Palustre 127701
Volga	154909	noire	1921	Lédon 101823	Octavie 123998
Volhynie	151184	noire	1921	Quêteur 129815	Obstruction 118783
Volière	151164	grise	1921	Névrosé 113735	Batterie 67105
Volière	152061	gris-clair	1921	Ornain 119960	Nodologie 121068
Volière	154596	grise	1921	Quornaro 130969	Castille 93296
Volige	150885	grise	1921	Ratta 133599	Mauviette 106104
Volige	152063	grise	1921	Quanevas 129730	Octandrie 118813
Volige	154597	grise	1921	Quornaro 130969	Kadette 95460

NOM	N°	ROBE	Naissance	PÈRE	MÈRE
Volition	152065	grise	1921	Rohart 134256	Rurale 134523
Volition	150288	grise	1921	Neuilly 112606	Kétanose 90311
Volition	154600	grise	1921	Robespierre 134346	Pliante 128481
Volitive	152064	grise	1921	Rohart 134256	Jaspure 85004
Volitive	154599	grise	1921	Russiot 133133	Loterie 102634
Vollenska	151346	grise	1921	Quaduc 129371	Moleskine 106014
Vollière	150660	noir-zain	1921	Rhin 133506	Huître 74395
Vollore	153003	grise	1921	Lichas 98731	Quaroube 134579
Vologda	154095	noire	1921	Quompromis 132021	Réglette 135395
Vologda	154911	noir-zain	1921	Ruffec 133875	Morelle 104930
Volonne	150560	gris-foncé	1921	Nyctalope 113635	Laineuse 100591
Volonne	152317	gris-clair	1921	Nyctalope 113635	Identité 80938
Volonne	154098	noir-m.-t.	1921	Roc 132979	Puce 125113
Volonté	151162	gris-foncé	1921	Pantin 124490	Sistova 139144
Volonté	152068	noire	1921	Ornain 119960	Riolette 134510
Volonté	153798	gris-clair	1921	Lédon 101823	Oualéga 123493
Volonté	154601	noire	1921	Russiot 133133	Kalcite 97392
Volta	150585	gris-foncé	1921	Nyctalope 113635	Kalipette 90386
Volta	150676	noire	1921	Ramassetout 133573	Phosphatine 125406
Volta	151947	noire	1921	Rococo 134245	Konfiture 93569
Volta	152069	noire	1921	Rongetout 133602	Kahoteuse 90527
Volta	152319	gris-foncé	1921	Rohart 134256	Joliveté 84664
Volta	153800	gris-foncé	1921	Rosbif 135493	Marquise 111160
Volta	154099	grise	1921	Mercy 105783	Konséquence 95789
Volta	154602	grise	1921	Russiot 133133	Idole 82711
Voltage	150871	noire	1921	Quesnel 129358	Prunelle 124227
Volte	152077	noire	1921	Quarteron 128953	Opposition 149345
Volte	152367	gris-foncé	1921	Rococo 134245	Joule 90236
Volte	154604	noire	1921	Rouloul 136019	Normale 117996
Volteface	150557	grise	1921	Rhin 133506	Labrèche 99083
Volteface	151263	noir-zain	1921	Pantin 124490	Rosée 134557
Volterra	154101	noire	1921	Mercy 105783	Mutinerie 109514
Voltie	151237	noire	1921	Roland 133948	Ortie 119189
Voltige	150796	grise	1921	Ramoneur 133946	Oyée 120007
Voltige	150840	noir-zain	1921	Qotonnu 130216	Moniche 105327
Voltige	150890	grise	1921	Rata 133599	Gargousse 74324
Voltige	151189	noire	1921	Quatalpa 129873	Ovule 119592
Voltige	152078	noire	1921	Quarteron 128953	Patissière 124718
Voltige	152445	gris-clair	1921	Reichs 133996	Narquoise 114319
Voltige	153096	gris-foncé	1921	Néflier 111919	Kate 94087
Voltige	153269	noire	1921	Oder 121578	Rustique 133658
Voltige	153430	gris-foncé	1921	Quitus 130149	Neuville 114319
Voltige	153802	gris-fer	1921	Rosbif 135493	Kaprière 97478
Voltige	154603	noir-zain	1921	Ostabat 123735	Orelle 123661
Voltige	154774	noire	1921	Kerdrain 95437	Liane 104616

NOM	N°	ROBE	Naissance	PÈRE	MÈRE
Voltige	154922	grise	1921	Ravignan 136302	Odessa 123368
Voltige	154992	noire	1921	Nicobar 118452	Quinquette 132738
Voltigeuse	151941	gris foncé	1921	Polus 126947	Opposée 120871
Voltigeuse	152079	grise	1921	Rohart 134256	Sidérale 137475
Voltigeuse	153588	grise	1921	Quinola 130134	Marguerite 109491
Voltigeuse	153804	gris-foncé	1921	Panama 128415	Dragne 60820
Voltigeuse	154609	noire	1921	Lédon 101823	Nimbe 118506
Voltive	150954	gris foncé	1921	Réginou 134292	Kabale 95498
Volturno	154102	gris-foncé	1921	Quompromis 132021	Négrerie 117655
Volubile	150573	noire	1921	Receveur 133074	Milliasse 107845
Volubile	151038	gris-foncé	1921	Roes 132814	Quiétisme 129707
Volubile	152004	noire	1921	Ratiau 132822	Lanterne 97739
Volubile	152081	bai-clair	1921	Rongetout 133602	Layette 99368
Volubilité	151109	grise	1921	Quissac 130271	Lakrasse 99561
Volubilité	152082	grise	1921	Rohart 134256	Larra 67058
Volubilité	153806	grise	1921	Kourlis 95894	Novice 118527
Volubilité	154610	noire	1921	Lédon 101823	Orgie 123830
Volucelle	152083	grise	1921	Rohart 134256	Jointive 83850
Volucelle	153807	gris-foncé	1921	Kourlis 95894	Rosière 135492
Volucelle	154611	grise	1921	Lédon 101823	Quarantaine 132640
Volupté	151504	grise	1921	Ratiau 132822	Mangeaille 107944
Volupté	152084	grise	1921	Rohart 134256	Lahaie 100863
Volupté	153809	noir-m.-t.	1921	Kourlis 95894	Lentille 103972
Volupté	154612	grise	1921	Lédon 101823	Névada 113179
Voluptueuse	152086	noire	1921	Nyctalope 113635	Quontagion 130420
Voluptueuse	154618	noir-zain	1921	Robespierre 134346	Joviale 89174
Volute	150618	noire	1921	Quesnel 129358	Marida 105543
Volute	151156	gris-fer	1921	Quaduc 129371	Nance 114105
Volute	151942	gris-foncé	1921	Polus 126947	Onville 120100
Volute	152087	grise	1921	Rohart 134256	Ignée 79694
Volute	153810	noire	1921	Quongouar 132344	Gala 104739
Volute	154614	grise	1921	Lédon 101823	Plique 128490
Volvacée	153811	grise	1921	Lédon 101823	Goulue 98569
Volvette	150633	gris-foncé	1921	Rhin 133506	Quaissadire 129286
Volynie	152313	grise	1921	Pampelune 124878	Opaline 120852
Volynie	154094	noire	1921	Quompromis 132021	Mandrille 110223
Volynie	154910	gris-rouan	1921	Panama 128415	Mère 109727
Vomique	152091	gris-foncé	1921	Lumineux 100865	Régence 133225
Vomique	153813	gris-tr.-f.	1921	Rosbif 135493	Groseille 73162
Vomitive	152092	noire	1921	Lumineux 100865	Parélie 124527
Vomitive	153820	gris-vin.	1921	Polonais 125998	Jarrie 89209
Vonette	150987	grise	1921	Qokala 129350	Qouette 130021
Vonette	151222	noire	1921	Quesnel 129358	Onza 120321
Vorace	150702	noir-zain	1921	Fier-à-Bras 65250	Nazianze 112980
Vorace	150755	grise	1921	Nyctalope 113635	Paquerette 59358

NOM	N°	ROBE	Naissance	PÈRE	MÈRE
Vorace	153818	noire	1921	Rosbif 135493	Pichenette 128303
Voracité	151309	noire	1921	Reichs 133996	Ichoreuse 82290
Voracité	152093	grise	1921	Ruffec 134464	Quarence 129787
Voracité	153821	gris-clair	1921	Polonais 125998	Quenouille 132625
Voreppe	153006	grise	1921	Lichas 98731	Larue 101380
Vorge	153827	gris-foncé	1921	Lédon 101823	Lithine 101519
Vorgette	153047	gris-foncé	1921	Réginon 134292	Mézière 108494
Vorla	150630	grise	1921	Rhin 133506	Perrette 124295
Vorlette	150996	noire	1921	Fier-à-Bras 65250	Jurable 87335
Voronèje	152321	gris-foncé	1921	Receveur 133074	Identité 79702
Voronèje	154104	gris-vin.	1921	Mercy 105783	Kloche 96534
Vorticelle	152096	noir - zain	1921	Regnault 133719	Kréance 94402
Vosges	152323	noire	1921	Réséda 133659	Mortadelle 106939
Vosges	154108	grise	1921	Revoyeur 135788	Iglan 83210
Vosges	154947	grise	1921	Nicobar 118452	Pampa 127487
Vosgienne	150776	gris-rouan	1921	Ornain 119960	Obéissante 119703
Vosgienne	151953	noir-zain	1921	Rafiau 132822	Lili 61788
Vosse	152324	gris-clair	1921	Réséda 133659	Quarhonne 130763
Vosse	154927	gris-foncé	1921	Quoin 131888	Nichette 118446
Votante	151296	gris-foncé	1921	Rognon 135951	Optinne 119160
Votante	152097	noir m. t.z	1921	Ornain 119960	Phonolithe 125707
Votation	152098	noire	1921	Ruffec 134464	Obéissante 121355
Votive	152099	grise	1921	Ruffec 134464	Ramsgate 134553
Votive	153823	noire	1921	Rosbif 135493	Quoupure 132378
Vottière	150526	grise	1921	Nyctalope 113635	Octostyle 119272
Voucienne	153008	gris-foncé	1921	Nitrate 144699	Pomone 127297
Vouge	152108	grise	1921	Nyctalope 113635	Phase 125691
Vouida	151071	gris-tr.-f.	1921	Rob 135906	Ouida 120754
Vouille	154918	gris-foncé	1921	Interprète 80665	Quartida 131693
Voulaines	153013	grise	1921	Pilon 127254	Oenologie 121509
Voulte	152327	noire	1921	Nyctalope 113635	Moule 106986
Voulte	153011	grise	1921	Malplaquet 107145	Régence 135376
Voulte	154110	grise	1921	Quitus 130149	Quostale 132302
Voulte	154919	noire	1921	Nicobar 118452	Qualificatrice 134692
Voulzie	150384	grise	1921	Neuilly 112606	Jocaste 83746
Voulzie	150529	noire	1921	Rongetout 133602	Renvideuse 133424
Vouneuil	152329	gris-foncé	1921	Nyctalope 113635	Revue 134631
Vouneuille	154928	gris-foncé	1921	Interprète 80665	Morille 111216
Voursière	150297	noire	1921	Neuilly 112606	Nouvelle 113912
Voussure	150535	noir - zain	1921	Quesnel 129358	Intrépidité 79216
Voussure	152101	grise	1921	Regnault 133719	Naufrage 111805
Voussure	153828	gris-foncé	1921	Lédon 101823	Oudine 123502
Voussure	154628	noire	1921	Oct 118821	Nonante 118652
Voûte	150645	noire	1921	Receveur 133074	Pompette 126005
Voûte	150989	noire	1921	Ramassetout 133573	Outrage 120638

NOM	N°	ROBE	Naissance	PÈRE	MÈRE
Voûte	151278	gris-fer	1921	Marguillier 107679	Onve 122758
Voûte	152102	noire	1921	Regnault 133719	Iris 79825
Voûte	153015	grise	1921	Nitrate 114699	Kaïnite 94818
Voûte	153834	noir-m.-t.	1921	Rosbif 135493	Narquoise 118559
Voûte	154626	grise	1921	Rouloul 136019	Plume 128500
Voûtée	152103	noire	1921	Rongetout 133602	Naupacte 111812
Voûtée	154629	grise	1921	Rouloul 136019	Moye 110827
Vouvette	151183	baie	1921	Roussin 134466	Platine 125323
Vouvoule	150636	grise	1921	Quaduc 129371	Poupoule 125080
Vove	150336	noire	1921	Psoriasis 126479	Limonière 101052
Vove	154113	grise	1921	Nichet 117897	Lanzerte 102889
Vove	154920	grise	1921	Maquis 110284	Querelle 132713
Voves	150558	noir-zain	1921	Pouff 124218	Lutte 99017
Voves	152328	noire	1921	Nyctalope 113635	Jovienne 85448
Vovone	150905	grise	1921	Ratta 133599	Ondura 120575
Voyage	150641	gris-foncé	1921	Quesnel 129358	Rogue 134241
Voyageuse	152109	grise	1921	Lumineux 100865	Renouée 133403
Voyageuse	153835	grise	1921	Kourlis 95894	Lapie 103996
Voyante	152110	grise	1921	Rendu 134614	Brillantine 55324
Voyante	154634	grise	1921	Rossignol 136323	Quenouille 132525
Voyante	155044	grise	1921	Receveur 133074	Oyate 119619
Voyelle	151066	gris-fer	1921	Fier-à-Bras 65250	Incendie 79021
Voyelle	151957	noire	1921	Rococo 134245	Lacave 98754
Voyelle	152111	noir-zain	1921	Rendu 134614	Subrogée 137904
Voyelle	153838	gris-clair	1921	Polonais 125998	Liane 104031
Voyenne	153012	grise	1921	Malplaquet 107145	Potidée 127316
Voyenne	153022	gris-foncé	1921	Néflier 111919	Maréchale 110318
Vraie	152112	noire	1921	Nyctalope 113635	Irène 81763
Vraie	153023	noire	1921	Néflier 111919	Quélyette 129083
Vraigne	153024	gris-foncé	1921	Reynal 132841	Nance 116498
Vraiville	153026	gris-foncé	1921	Reynal 132841	Permie 127150
Vrasvile	153027	gris-clair	1921	Pantin 124490	Quarre 130278
Vregille	153030	gris-fer	1921	Obus 121402	Gazelle 56238
Vriange	153031	gris-foncé	1921	Obus 121402	Lamproie 103641
Vriante	150301	grise	1921	Roussin 134466	Pélerine 124851
Vrigne	153032	gris-foncé	1921	Réginon 134292	Oxydase 120472
Vrigny	154980	gris-foncé	1921	Nicobar 118452	Lavallée 101260
Vrille	150379	grise	1921	Nyctalope 113635	Nombril 112061
Vrille	150935	noire	1921	Rata 133599	Quéhra 128788
Vrille	151314	noire	1921	Qroisy 130286	Lunette 100429
Vrille	151476	grise	1921	Ramassetout 133573	Gibèle 70872
Vrille	152114	grise	1921	Regnault 133719	Phébie 125701
Vrille	153839	gris-tr.-f.	1921	Kourlis 95894	Résistance 135663
Vrille	154635	grise	1921	Rouloul 136019	Orline 123681
Vrillée	152116	grise	1921	Quasi 128865	Cocotte 50405

NOM	N°	ROBE	Naissance	PÈRE	MÈRE
Vrillée	155050	noire	1921	Rosbif 135493	Palmature 127677
Vrillerie	152115	noire	1921	Regnault 133719	Iguela 79784
Vrillerie	153841	grise	1921	Rosbif 135493	Jugeable 87320
Vrillerie	154638	baie	1921	Quornaro 130969	Nuaison 118061
Vrillette	150380	grise	1921	Nyctalope 113635	Péseta 125637
Vrillette	152117	grise	1921	Quasi 128865	Quaresse 129779
Vrillette	153844	gris-fer	1921	Kourlis 95894	Ochnacée 122839
Vrillette	154642	bai-zain	1921	Russiot 133133	Lippée 103843
Vroville	153039	gris-fer	1921	Réginon 134292	Lactate 102552
Vue	150808	noire	1921	Qotonnu 130216	Lolotte 99147
Vue	150912	alezan-r.	1921	Qotonnu 130216	Rozinette 133799
Vue	151064	gris-foncé	1921	Rouget 134282	Orignie 120742
Vulaine	153044	gris-foncé	1921	Quitus 130149	Loquèle 102619
Vulcaine	154651	grise	1921	Rossignol 136323	Jonquille 86650
Vulcanale	153845	gris-foncé	1921	Numéro 118563	Olive 123522
Vulcanale	154641	grise	1921	Rouloul 136019	Rustauderie 136118
Vulcanie	153846	noire	1921	Numéro 118563	Orpheline 123863
Vulcanienne	153848	gris-vin.	1921	Remonteur 134855	Norville 117465
Vulcanienne	154644	grise	1921	Rouloul 136019	Hermine 90117
Vulcanisée	153847	gris-foncé	1921	Numéro 118563	Méridienne 104815
Vulcanisée	154646	noire	1921	Robespierre 134346	Noiraude 147965
Vulcanite	152122	grise	1921	Pouff 124218	Ostéocole 119501
Vulcanite	153849	gris-vin.	1921	Kourlis 95894	Mélopée 104814
Vulcanite	154647	grise	1921	Rossignol 136323	Navicule 116838
Vulgaire	150599	grise	1921	Qokala 129350	Praline 125087
Vulgaire	151043	noire	1921	Rocs 132814	Quinone 130297
Vulgarisation	152125	noire	1921	Pouff 124218	Lumbago 100862
Vulgarite	152126	gris-foncé	1921	Nyctalope 113635	Qualorie 129434
Vulgarité	153850	grise	1921	Marguillier 107679	Jeannette 90124
Vulgarité	154648	grise	1921	Rouloul 136019	Osmonville 123717
Vulgate	150625	grise	1921	Marguillier 107679	Quolerette 129956
Vulgate	154999	noir zain	1921	Rafiau 132822	Maltose 105503
Vulgate	152127	noire	1921	Nyctalope 113635	Lisette 57830
Vulgate	153851	noir-m.-t.	1921	Rosbif 135493	Kupide 92815
Vulgate	154117	noir-m.-t.	1921	Roc 132979	Odekologne 120555
Vulgate	154649	grise	1921	Rouloul 136019	Oriolle 123677
Vulgate	154921	gris-rouan	1921	Maquis 110284	Nérolia 118442
Vulnérable	154652	grise	1921	Rouloul 136019	Moie 110823
Vulnéraire	151960	noire	1921	Rafiau 132822	Racaille 134826
Vulnération	152131	noire	1921	Névrosé 143735	Kamomille 90687
Vulnération	153853	grise	1921	Rosbif 135493	Kane 97216
Vulnération	154654	noir-zain	1921	Ostabat 123735	Plumule 128504
Vulpes	150174	noir-zain	1921	Roussin 134466	Prison 126314
Vulpiane	154929	noire	1921	Nicobar 118452	Macédoine 111220
Vulsinie	154923	gris-foncé	1921	Québec 132753	Roumanie 133258

NOM	N°	ROBE	Naissance	PÈRE	MÈRE
Vultueuse	150339	noire	1921	Psoriasis 126479	Grossegerbe 70201
Vultueuse	152132	noire	1921	Quêteur 129815	Patronne 124726
Vultueuse	153855	gris-foncé	1921	Numéro 118563	Paquerette 128360
Vultueuse	154655	grise	1921	Rouloul 136019	Poêlée 128517
Vulturide	152133	noire	1921	Quêteur 129815	Kopale 90355
Vulturide	153856	gris-t.-f.	1921	Lédon 101823	Genette 73151
Vulturide	154657	grise	1921	Rouloul 136019	Poêtesse 128519
Vulva	151080	noire	1921	Qualvados 131498	Lorette 103300
Vulve	150360	noir-zain	1921	Quarteron 128953	Rhubarbe 134124
Vulve	151078	noir-zain	1921	Qupidon 130054	Pacca 125309
Vunie	154276	gris-clair	1921	Pantin 124490	Qune 129549
Vyasa	154925	gris-foncé	1921	Quoin 131888	Durance 96978
Vyrize	150810	noire	1921	Qotonnu 130216	Rameuse 133582
Vytchegda	154926	grise	1921	Quoin 131888	Nonantaise 118450